GIOCHI
PER LA DEMENZA

LABIRINTI GIOCHI

ActivityCrusades

Pubblicato da Speedy Publishing Canada Limited

ActivityCrusades
activity books

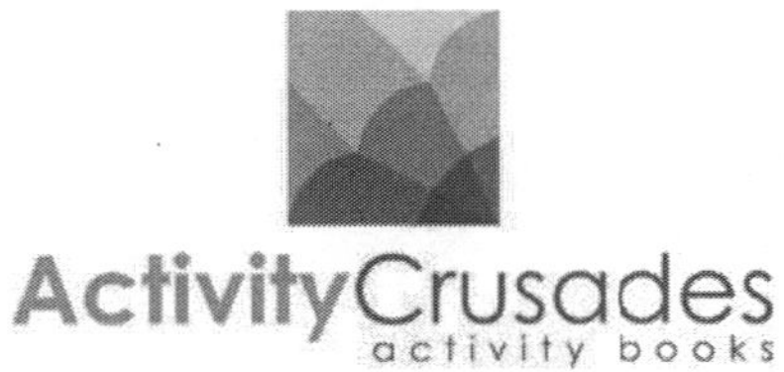

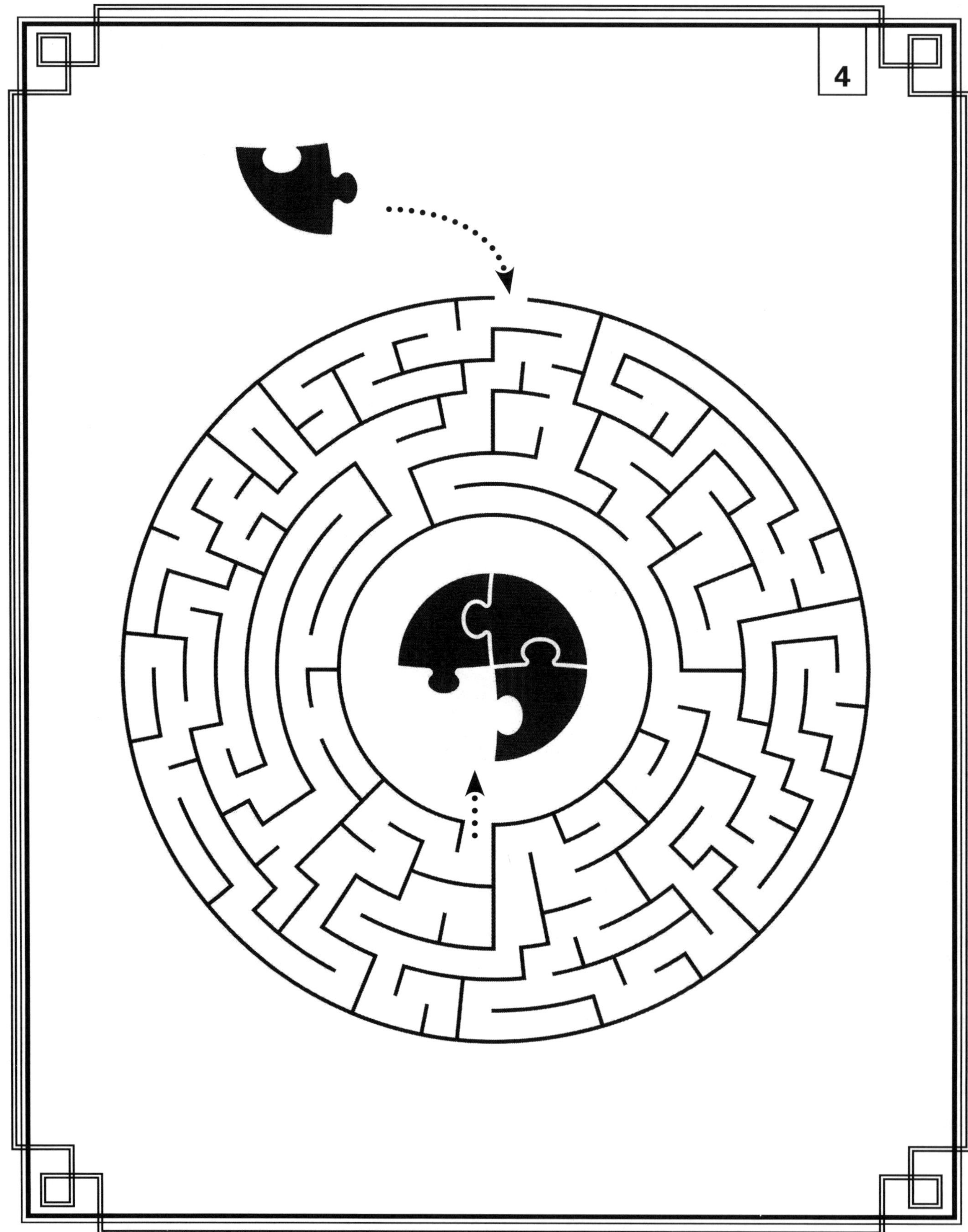

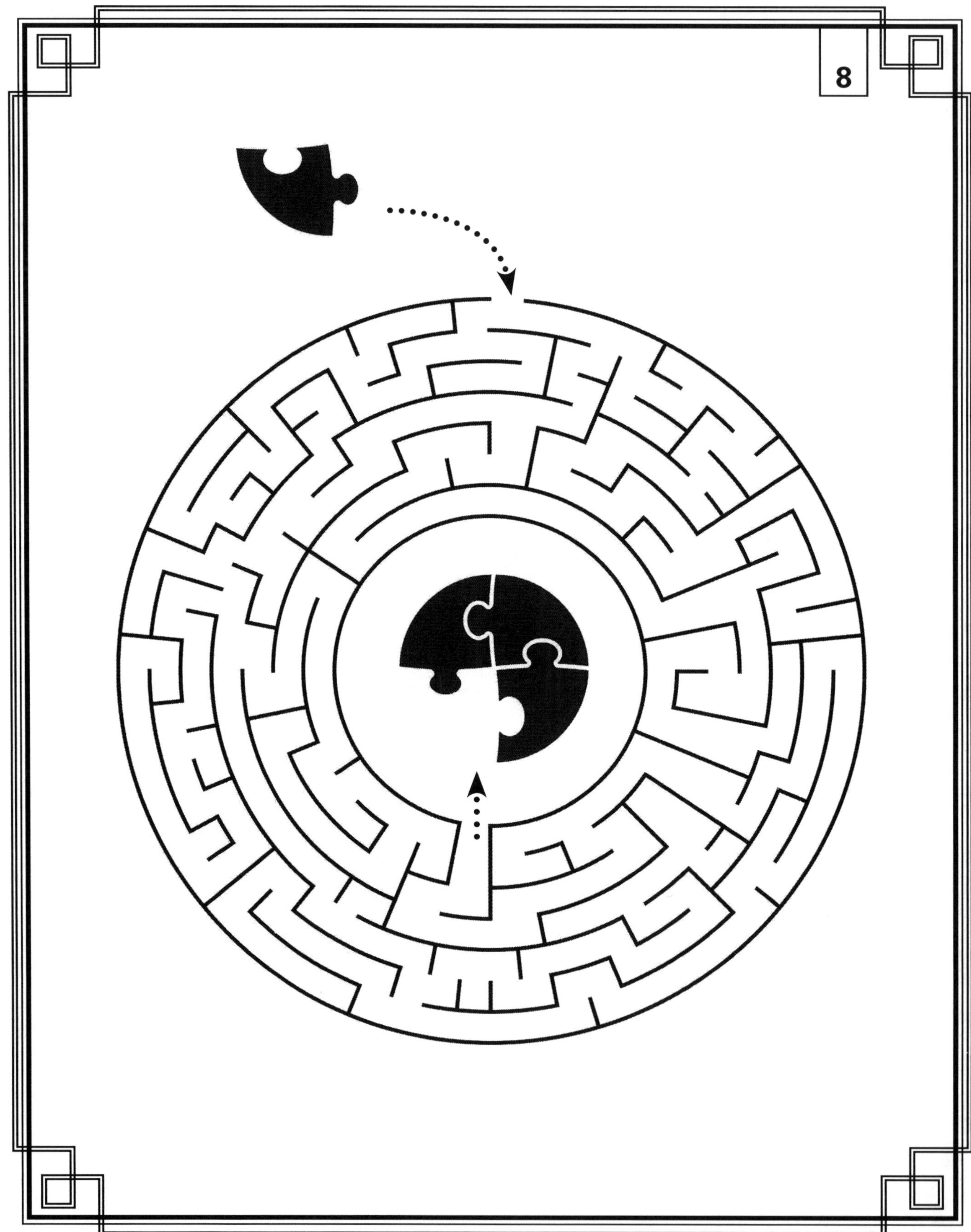

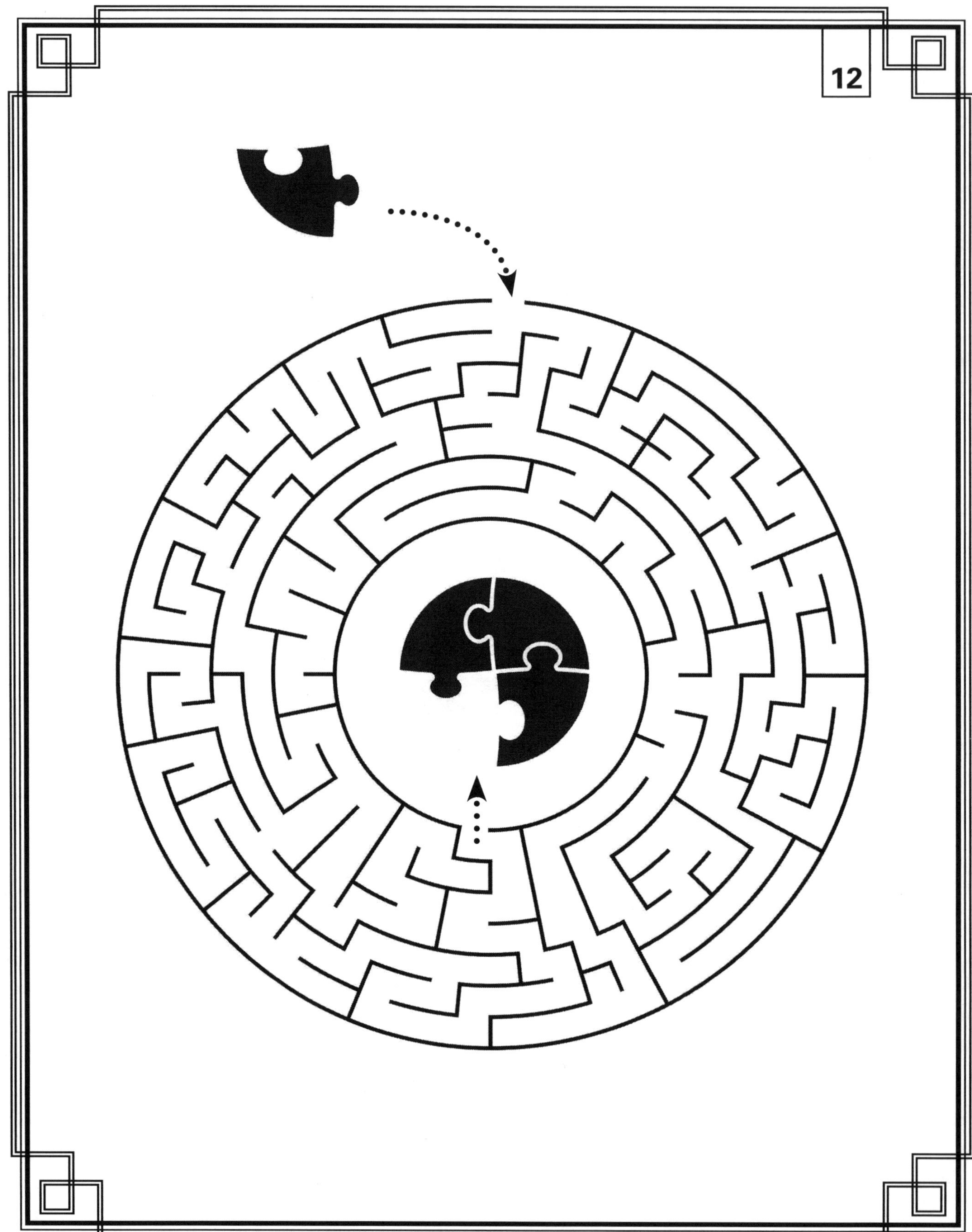

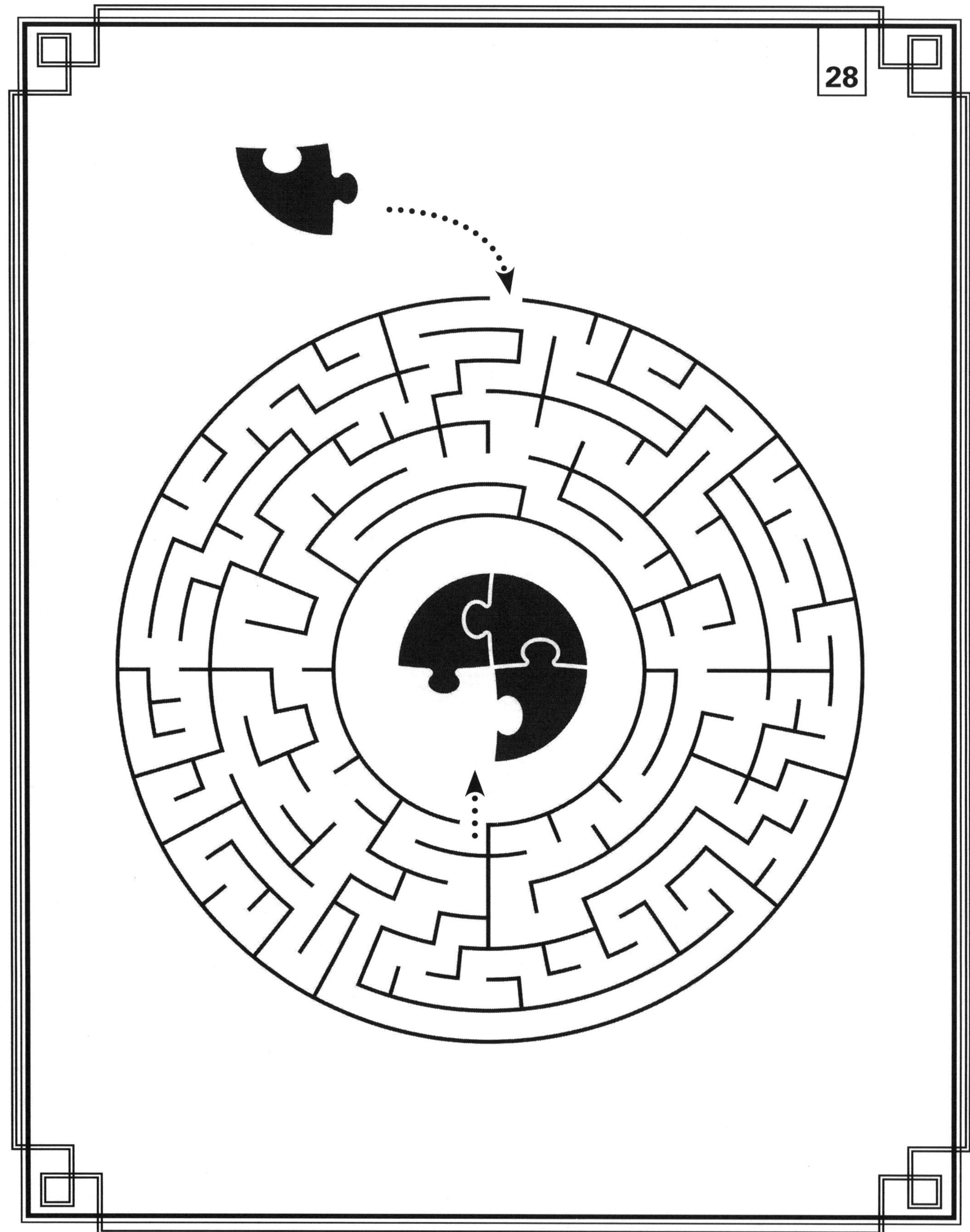

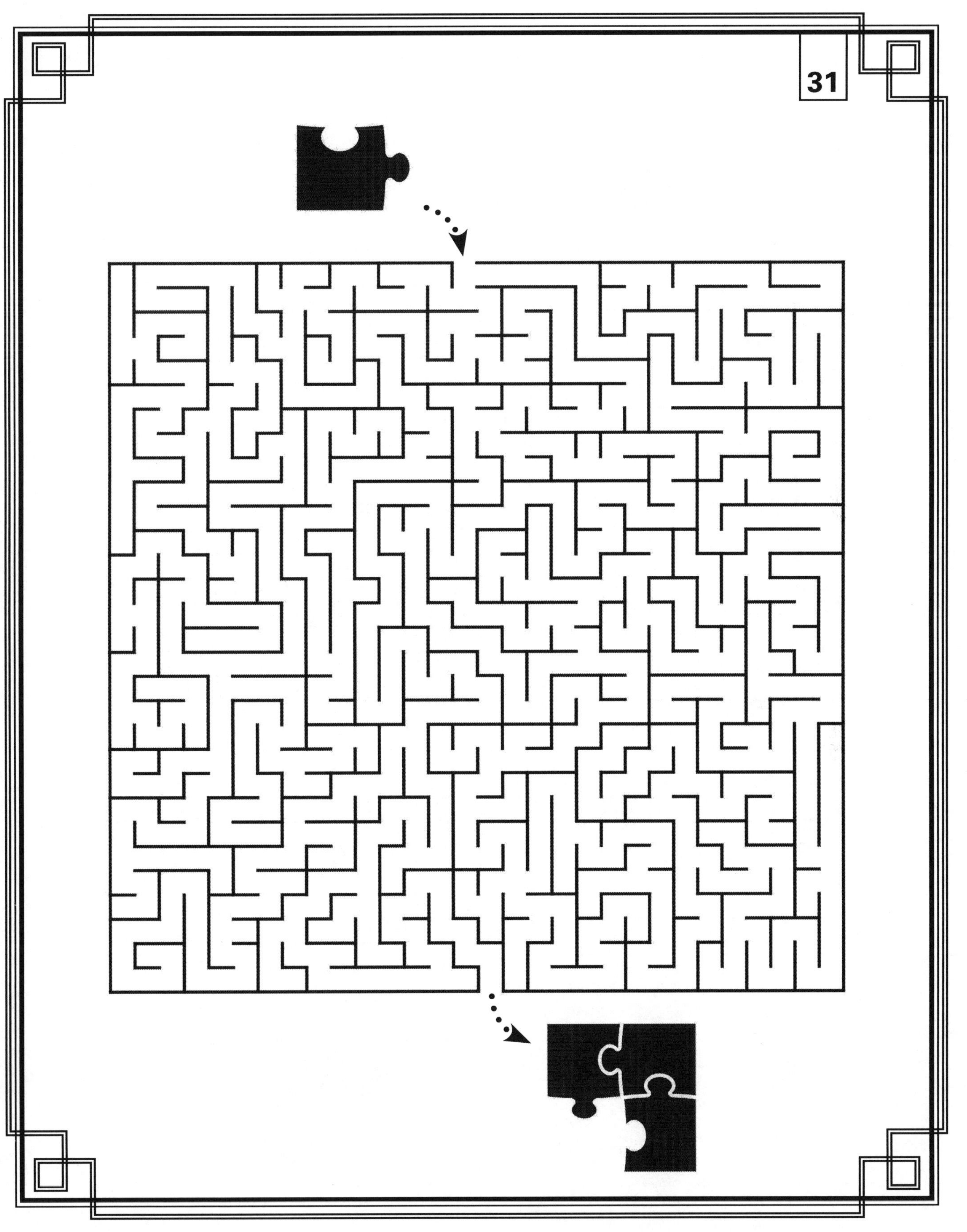

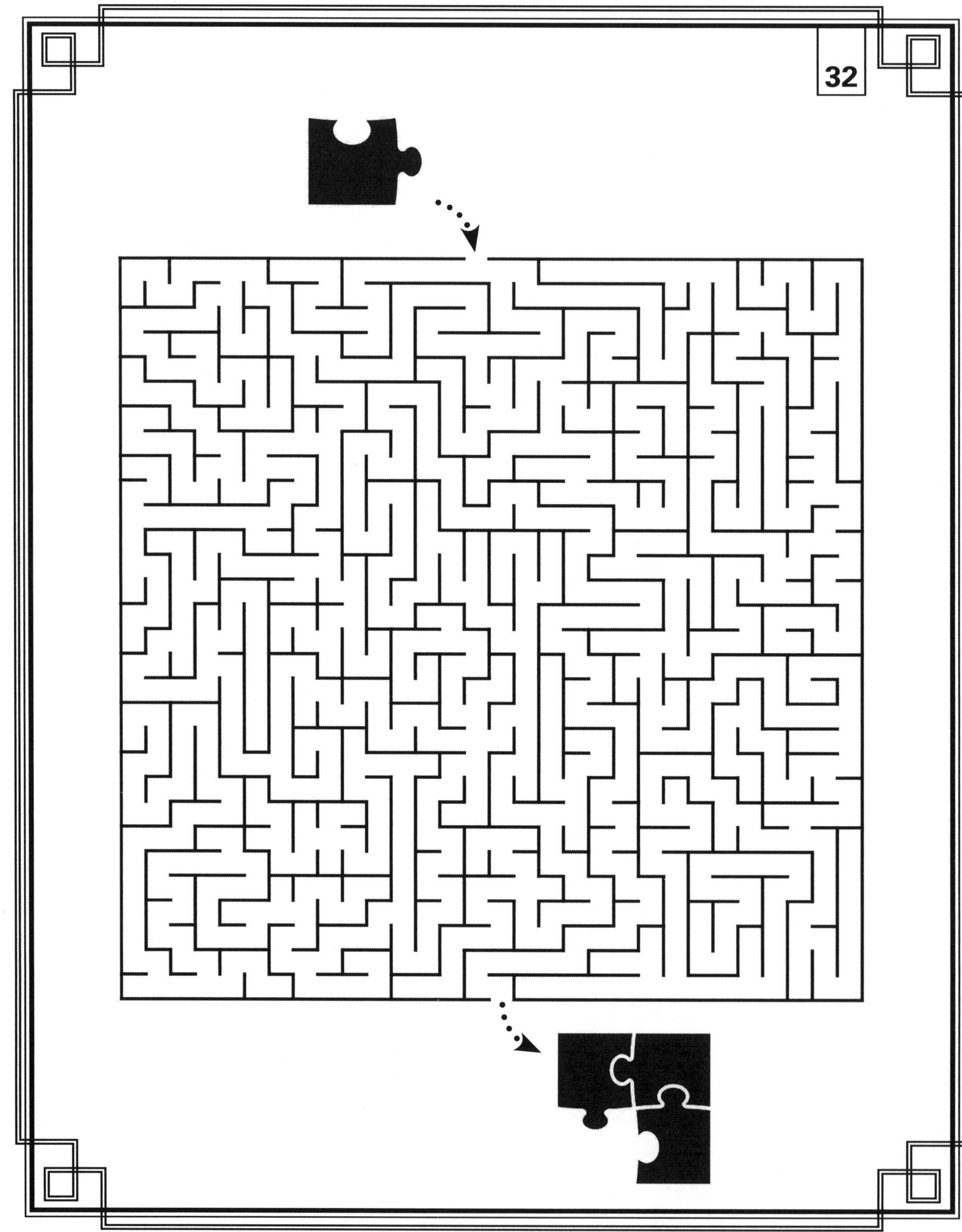

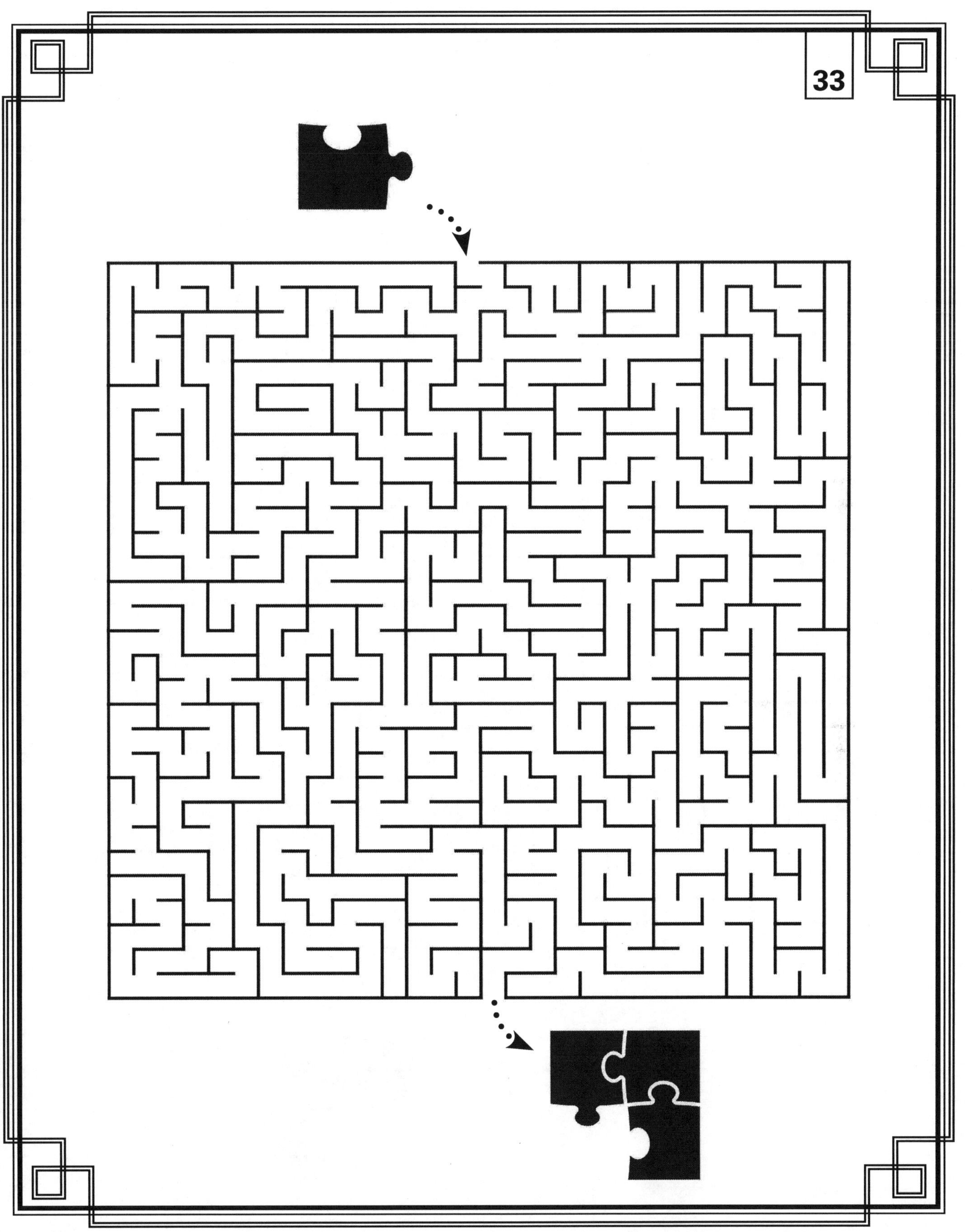

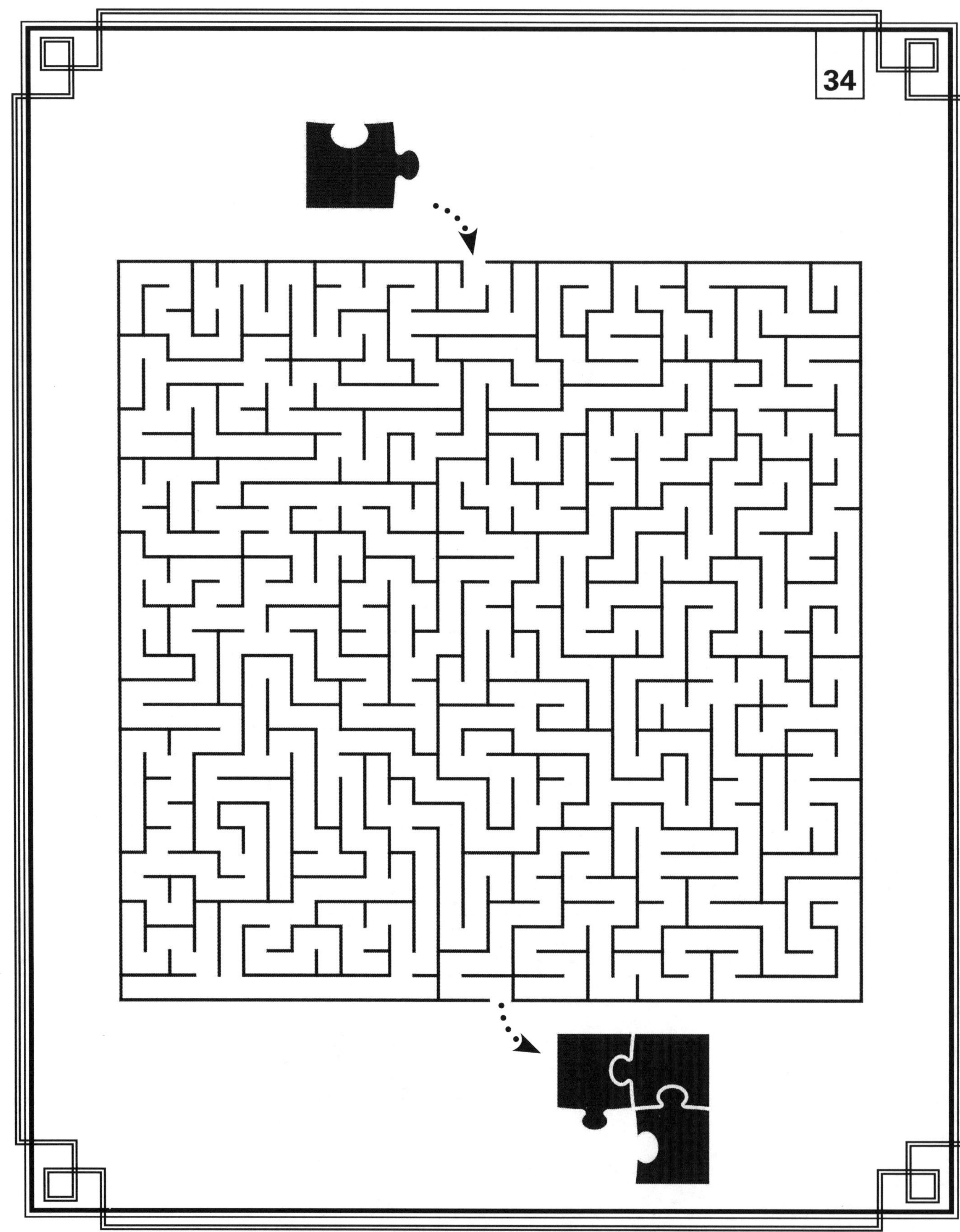

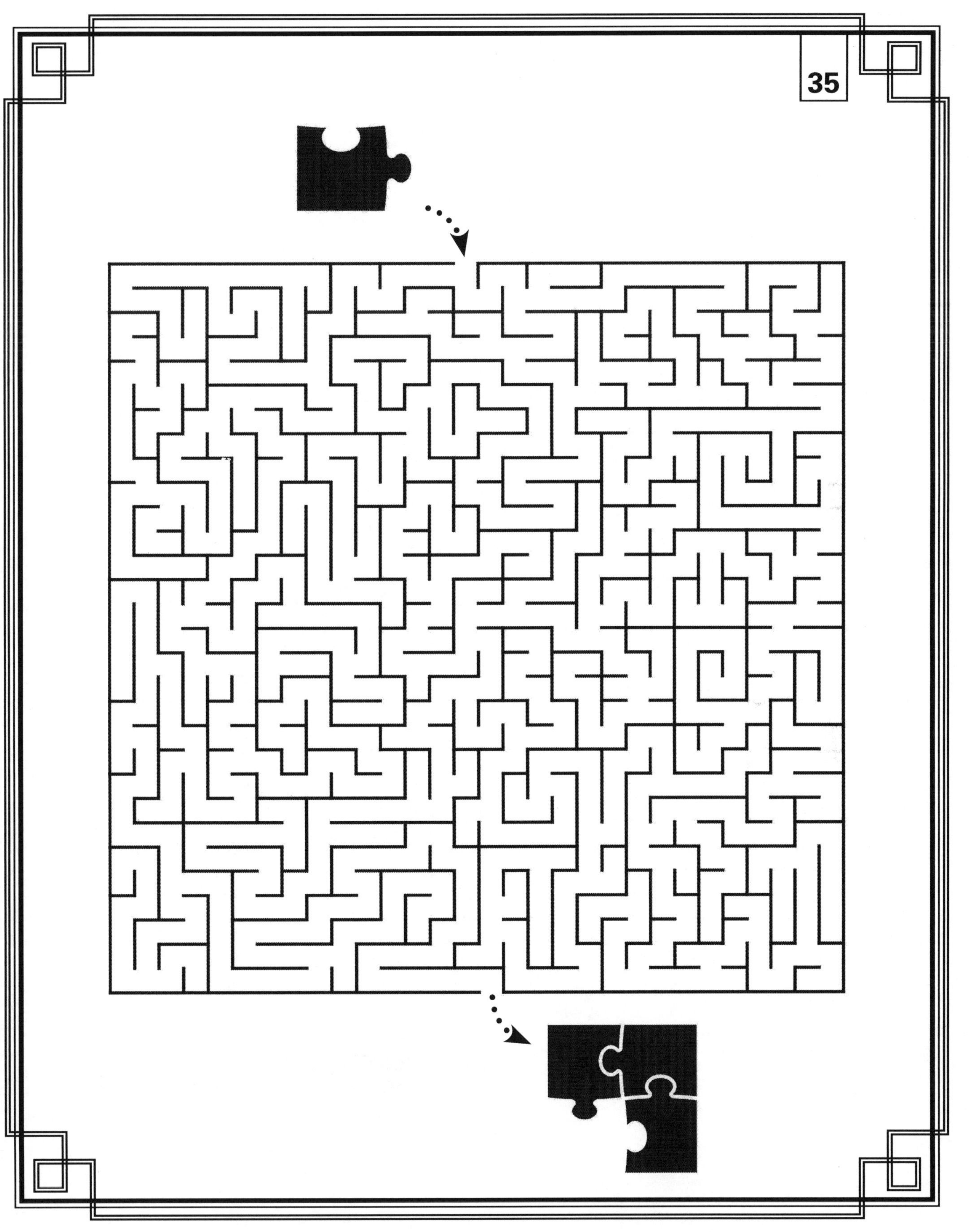

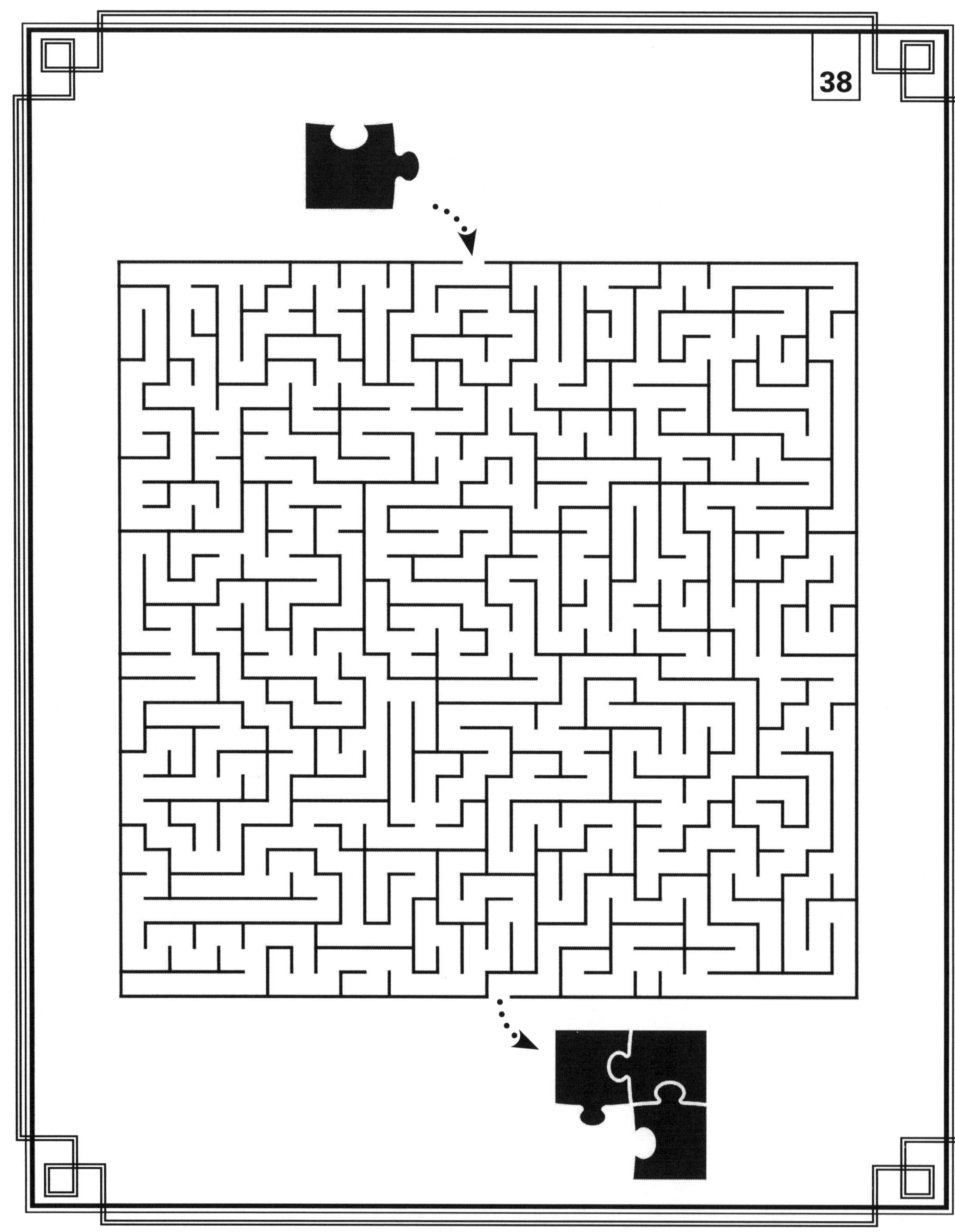

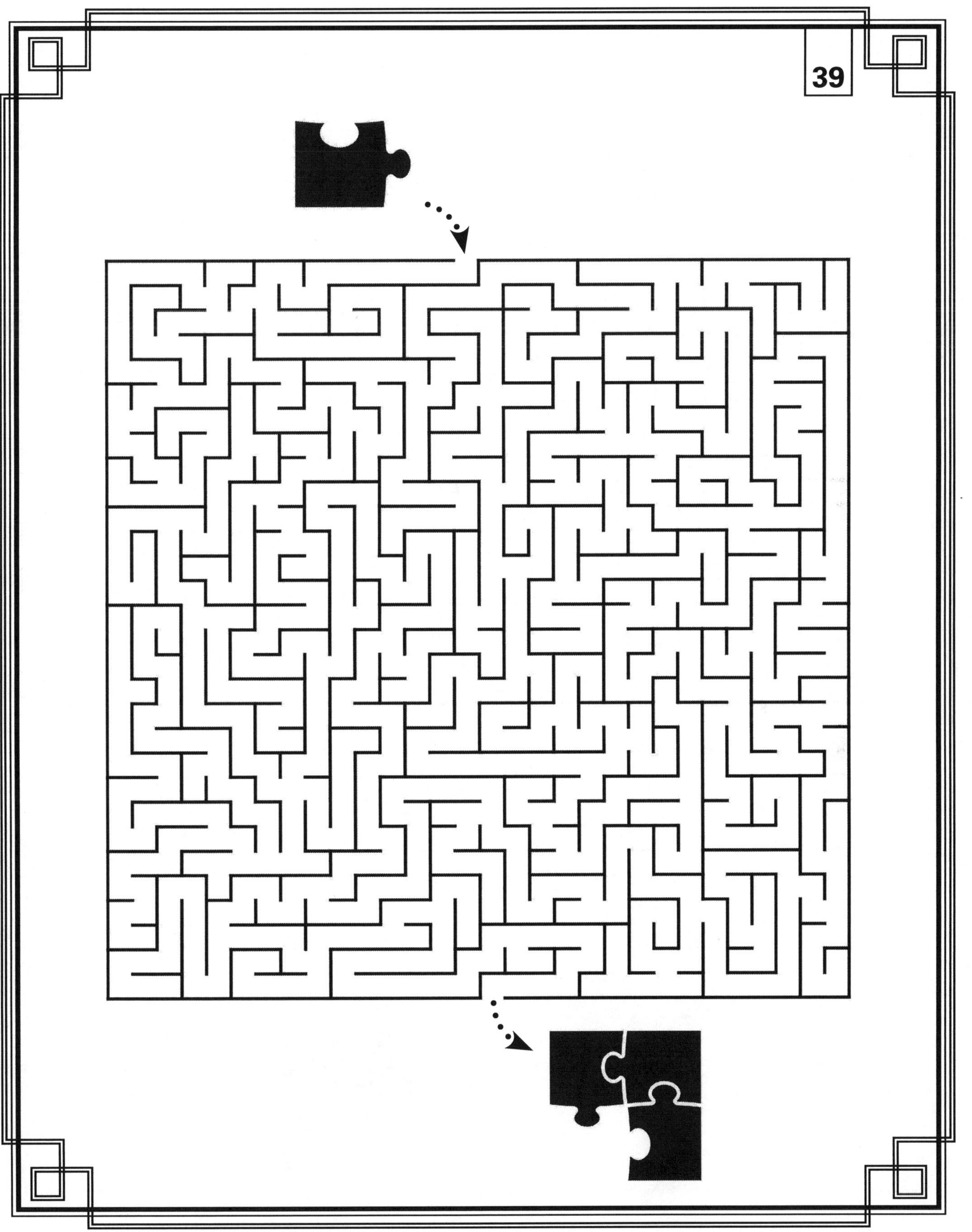

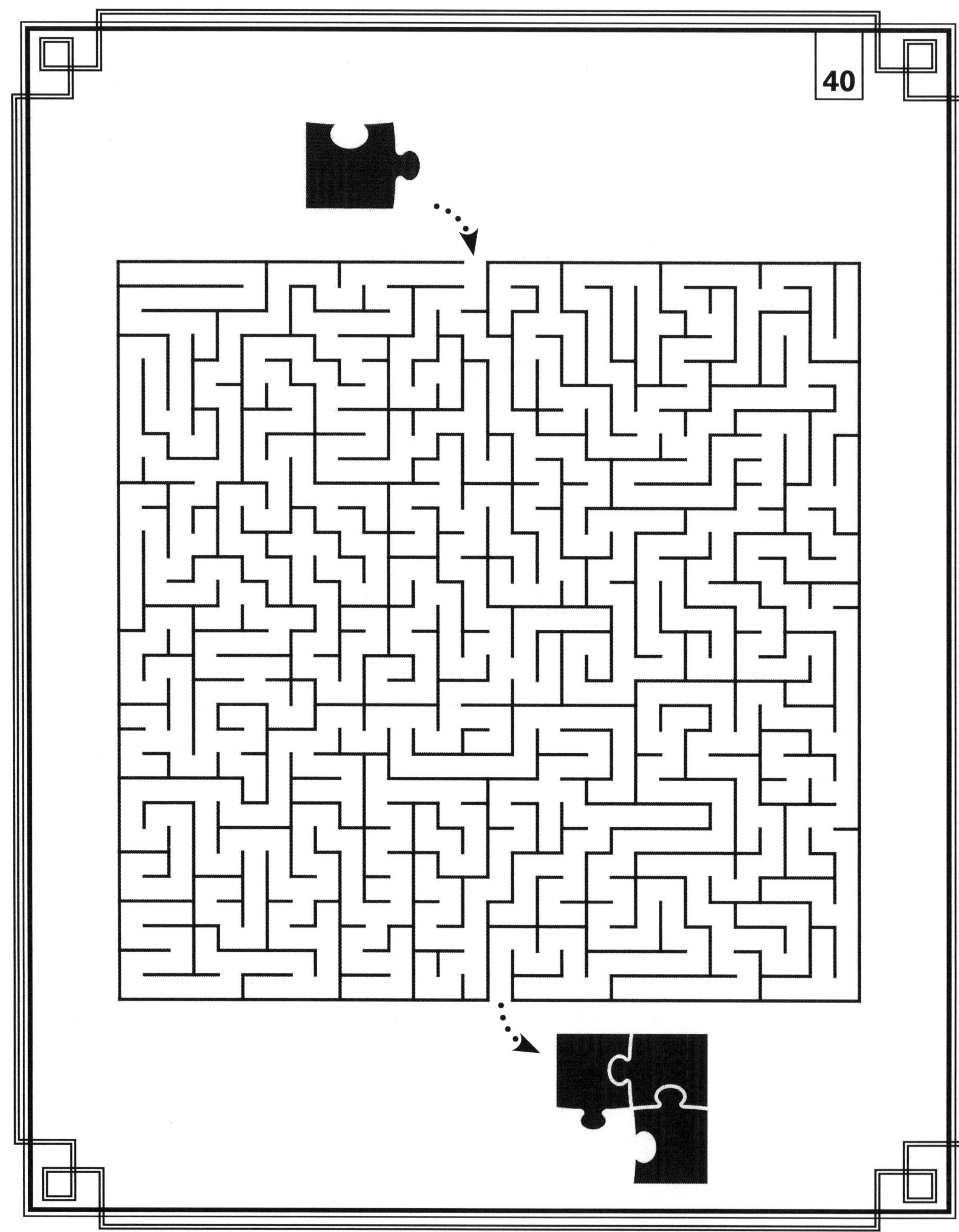

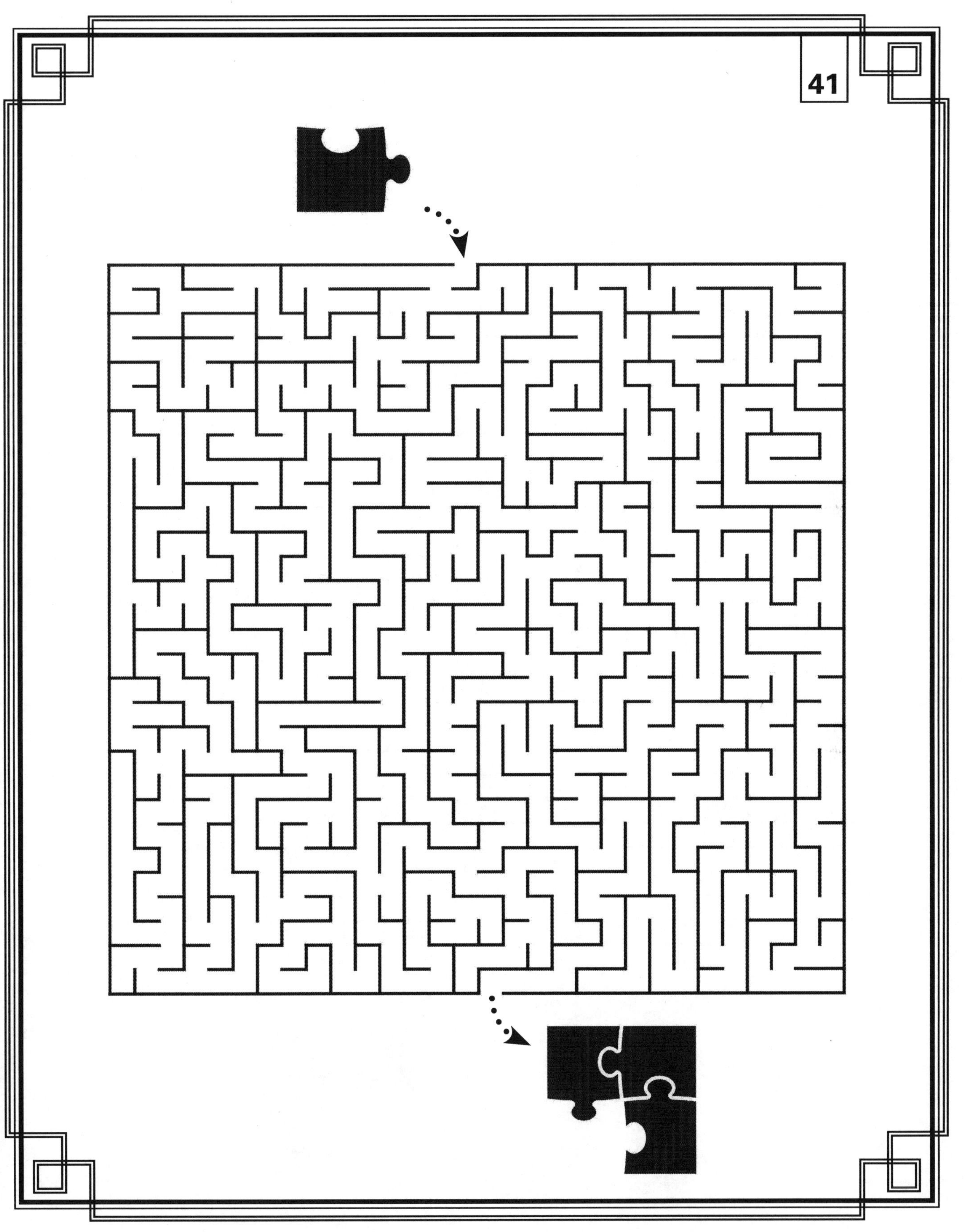

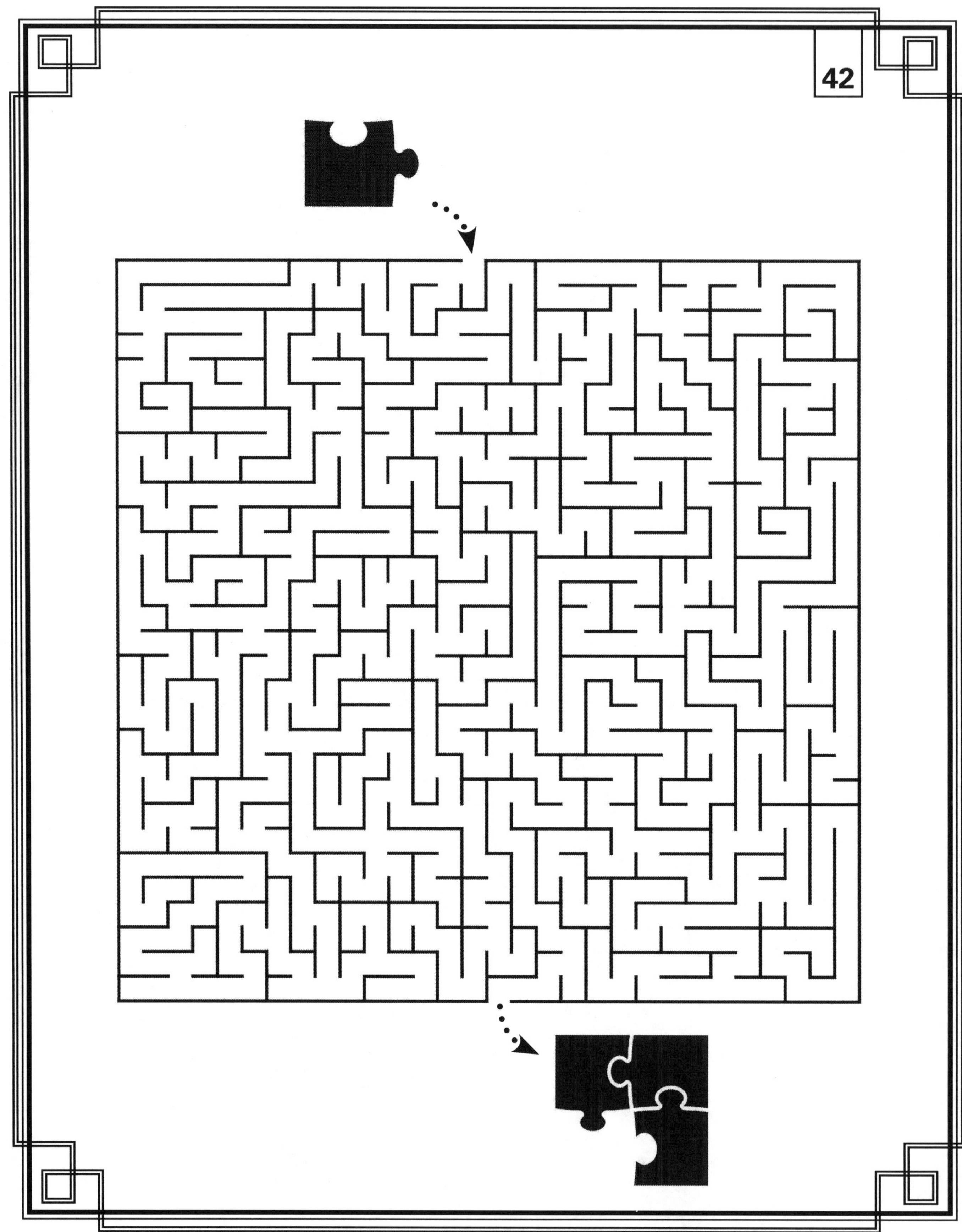

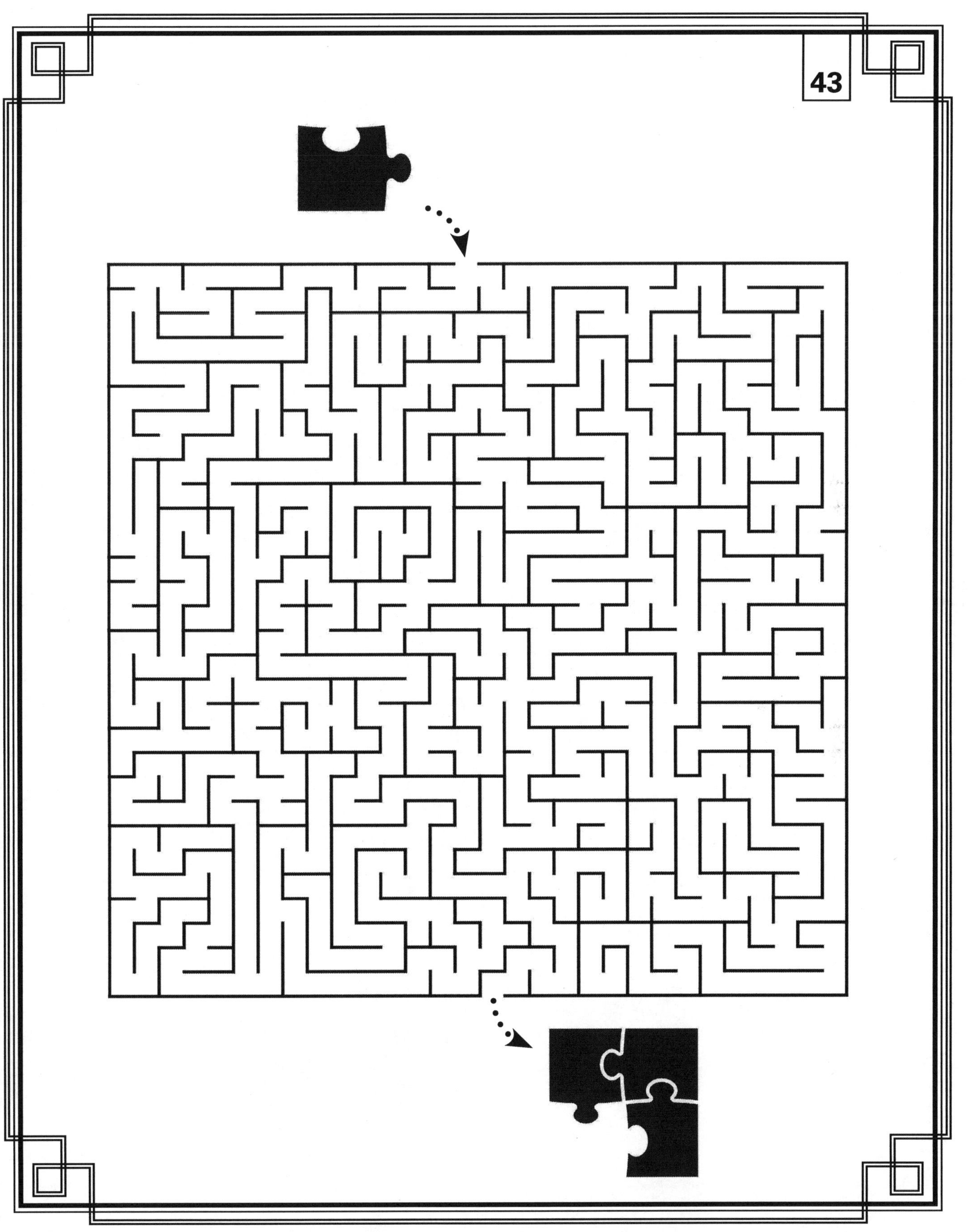

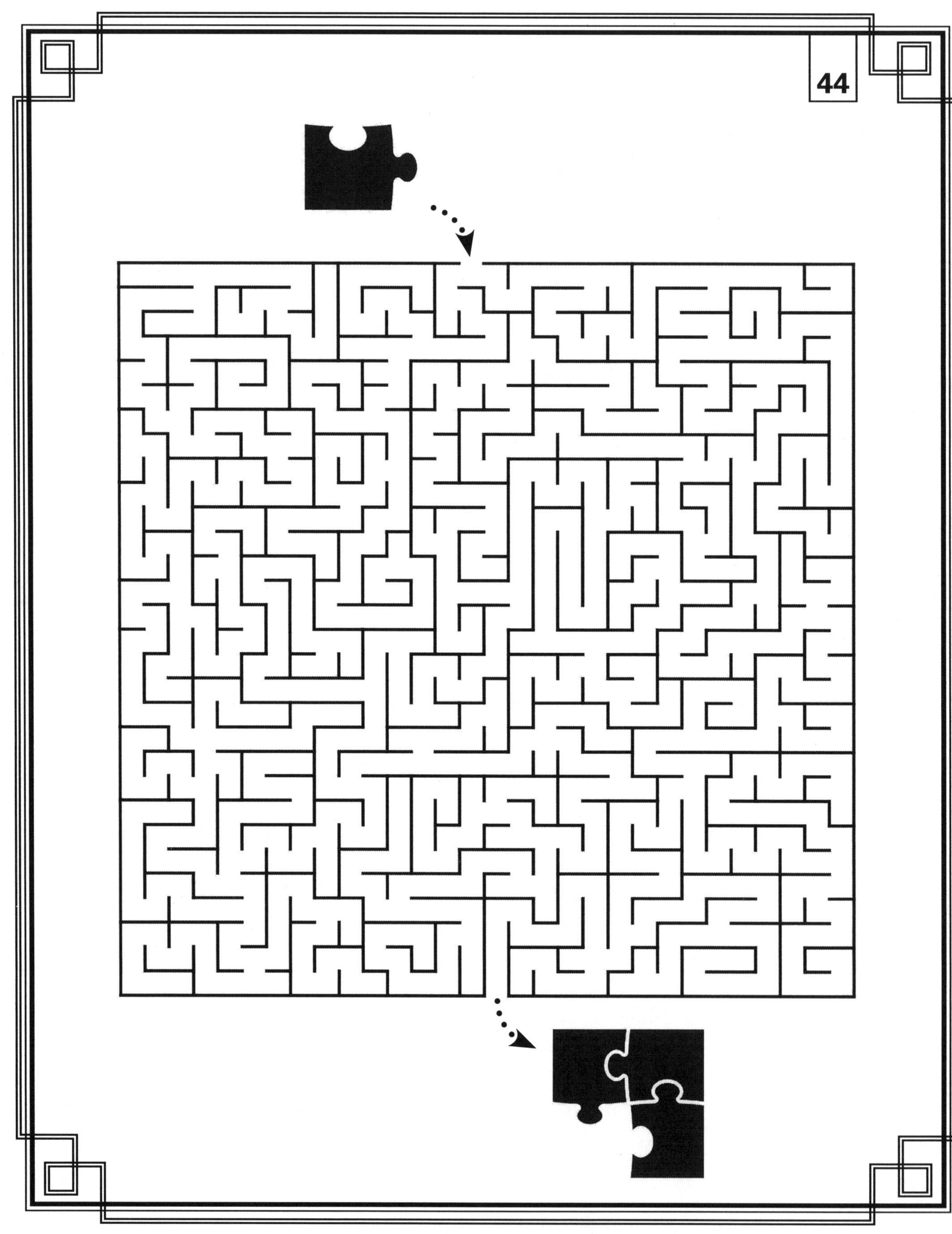

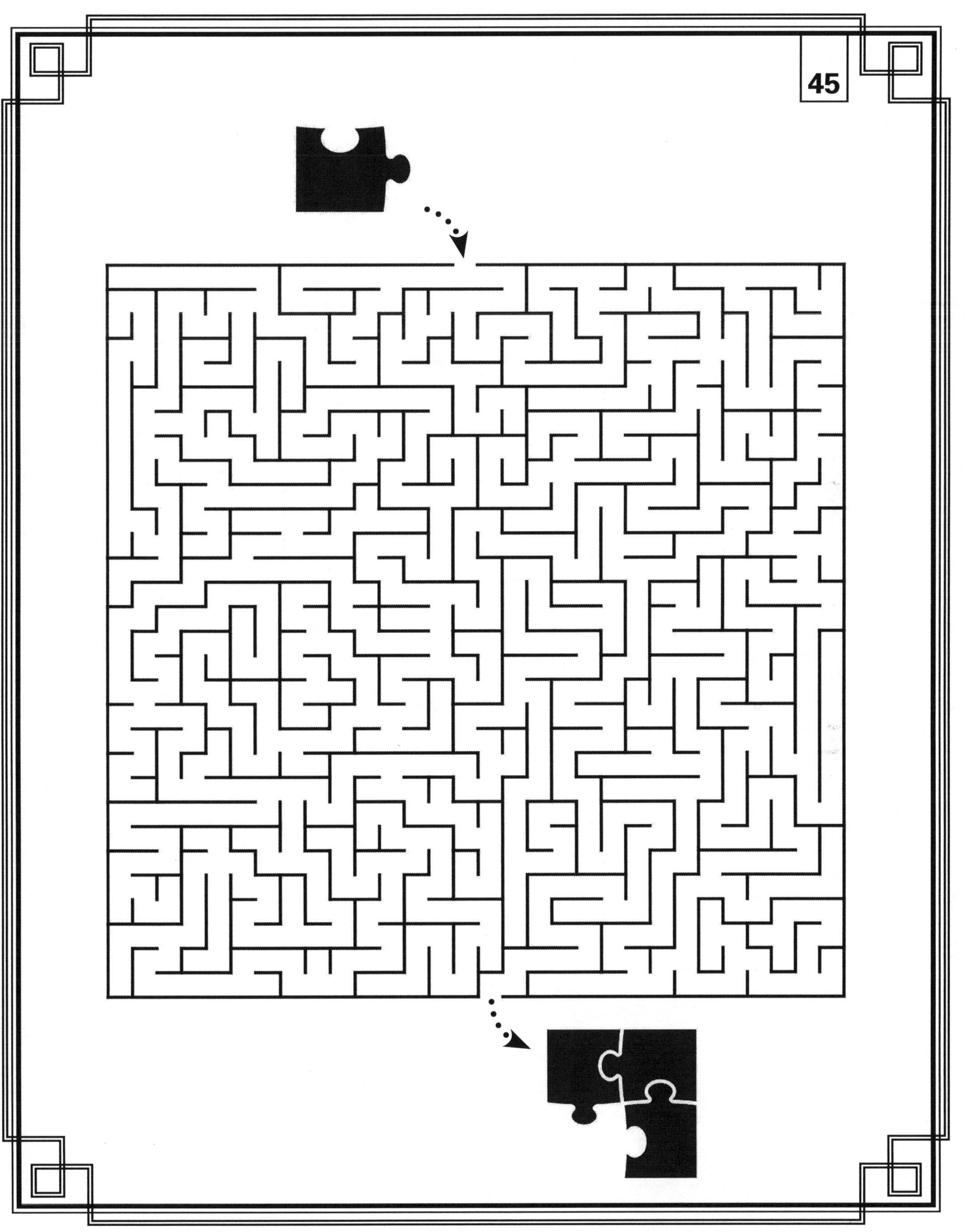

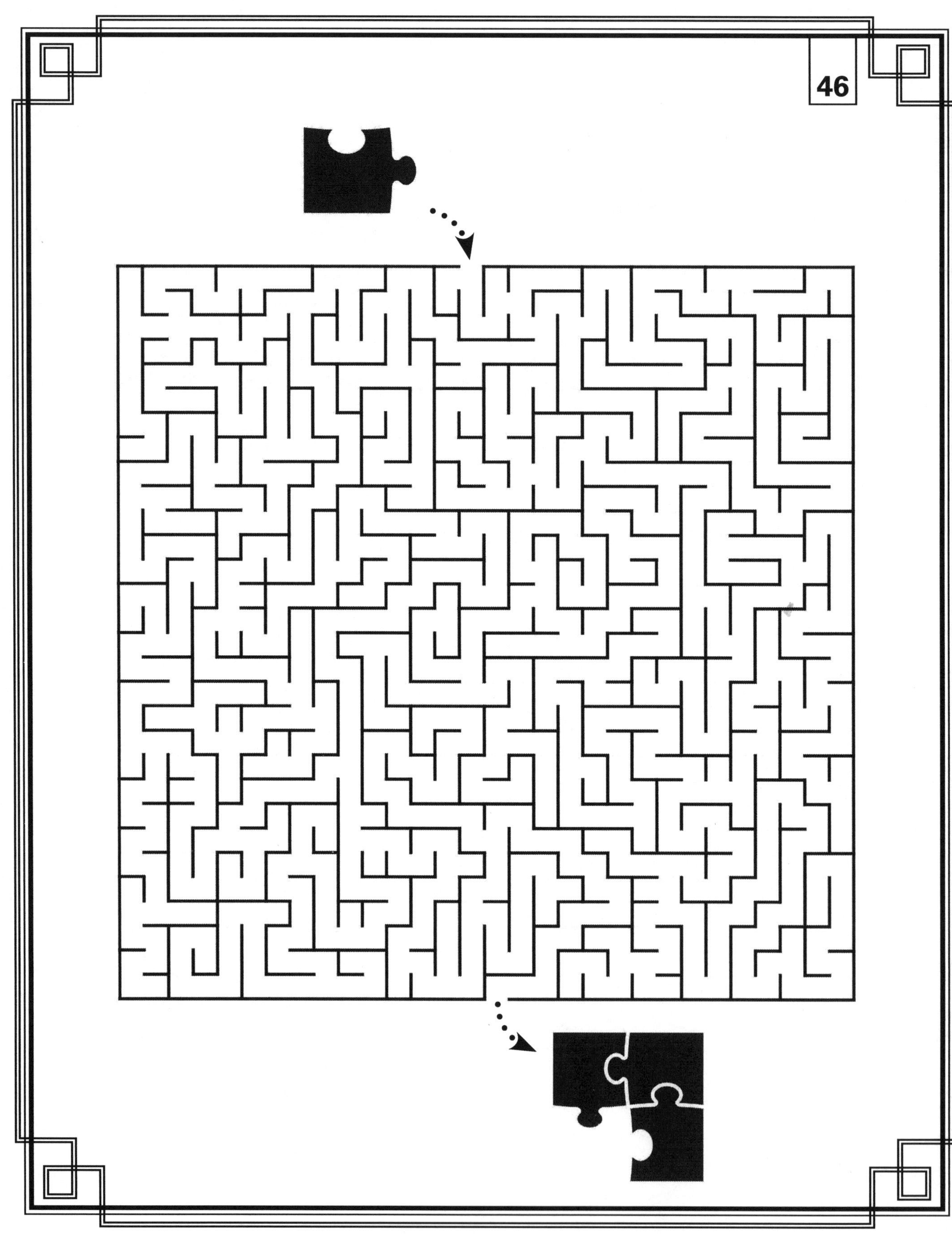

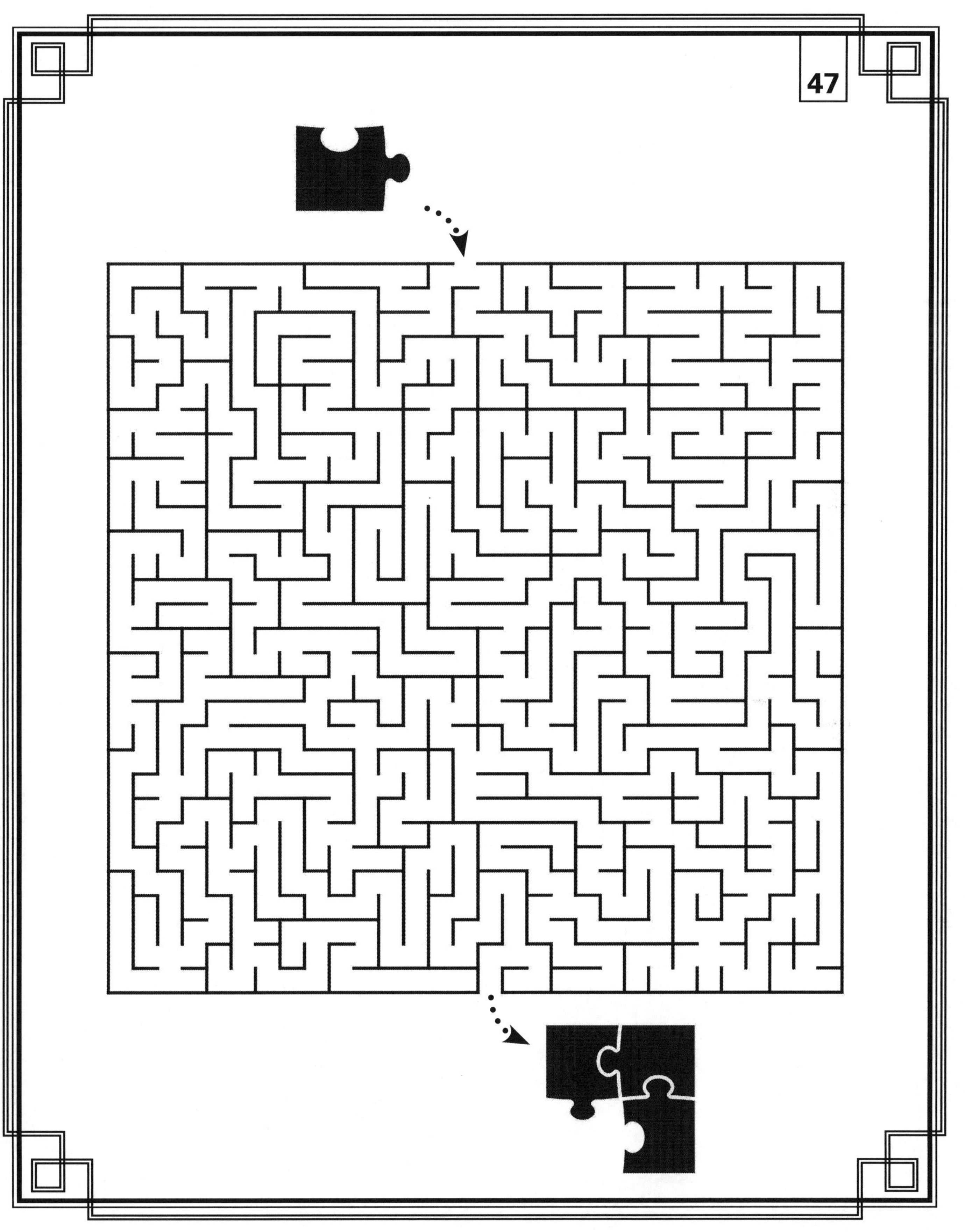

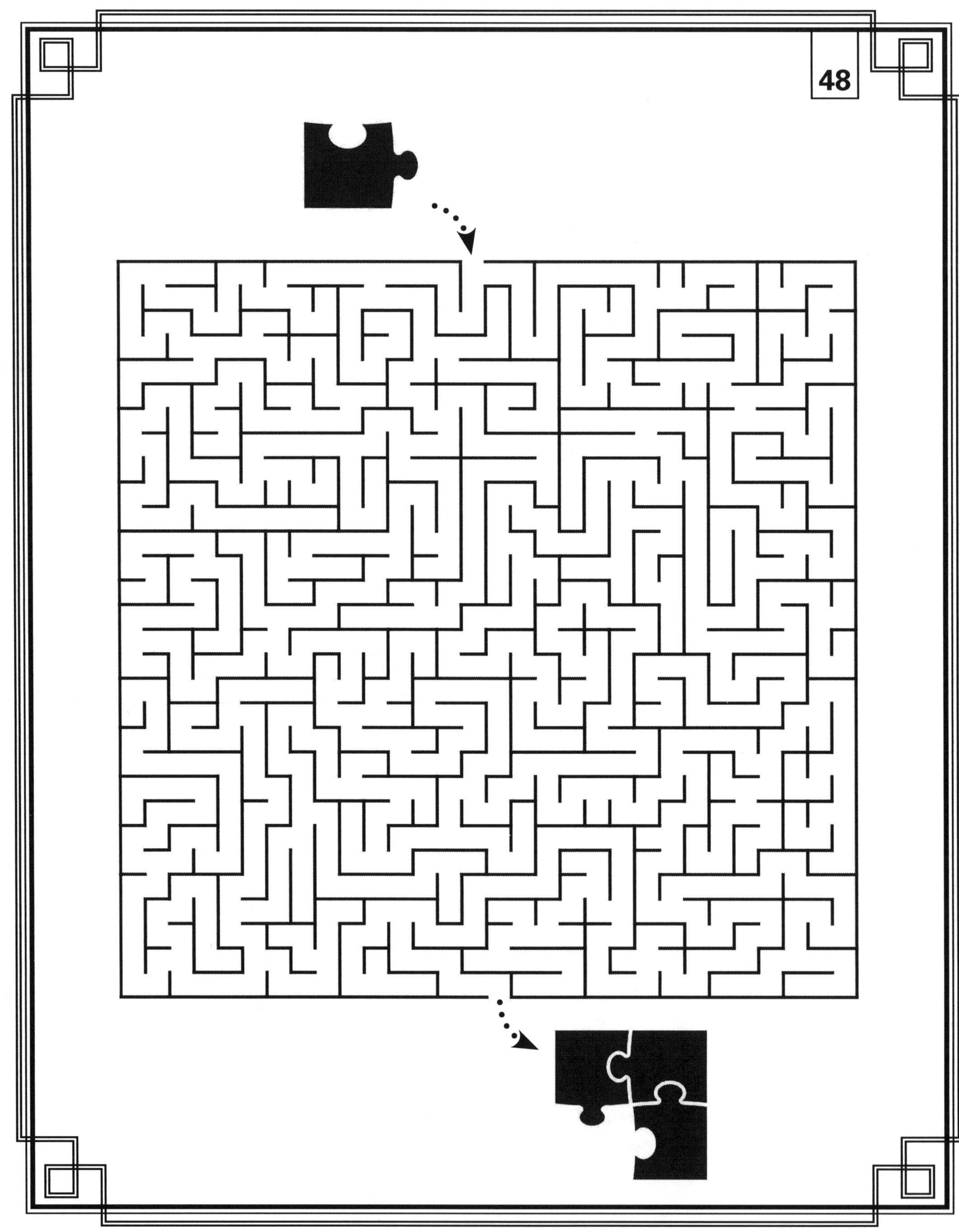

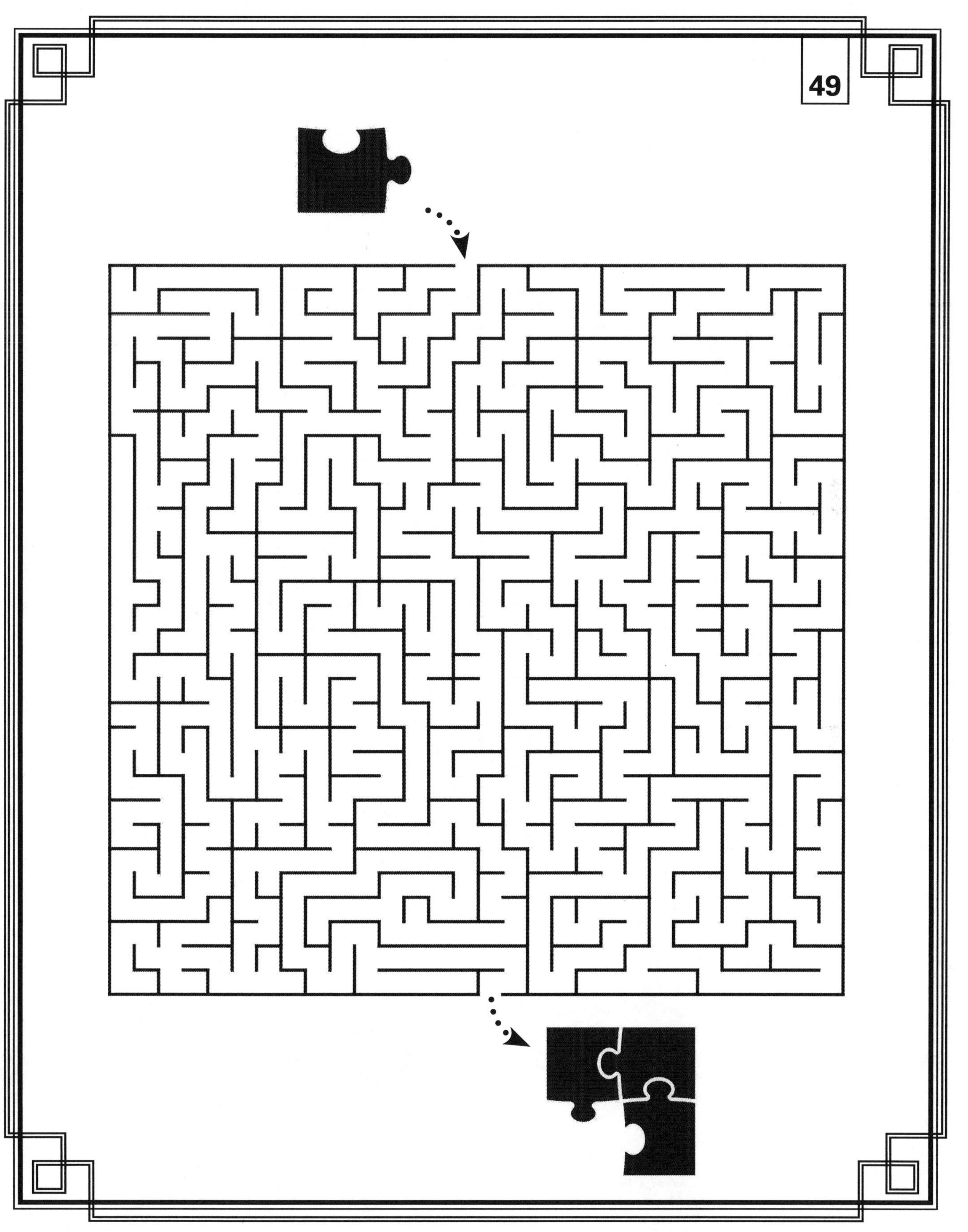

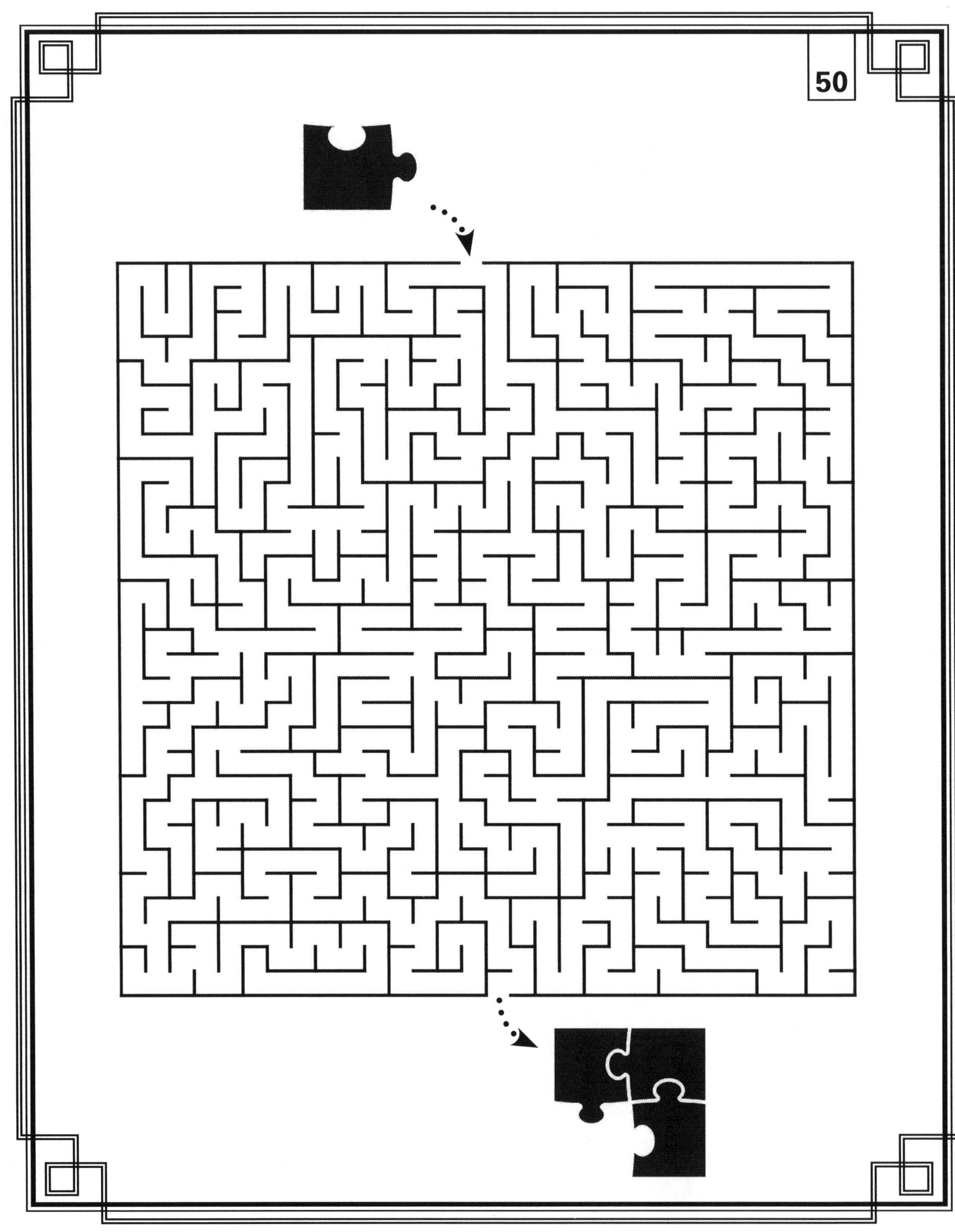

1

2

3

4

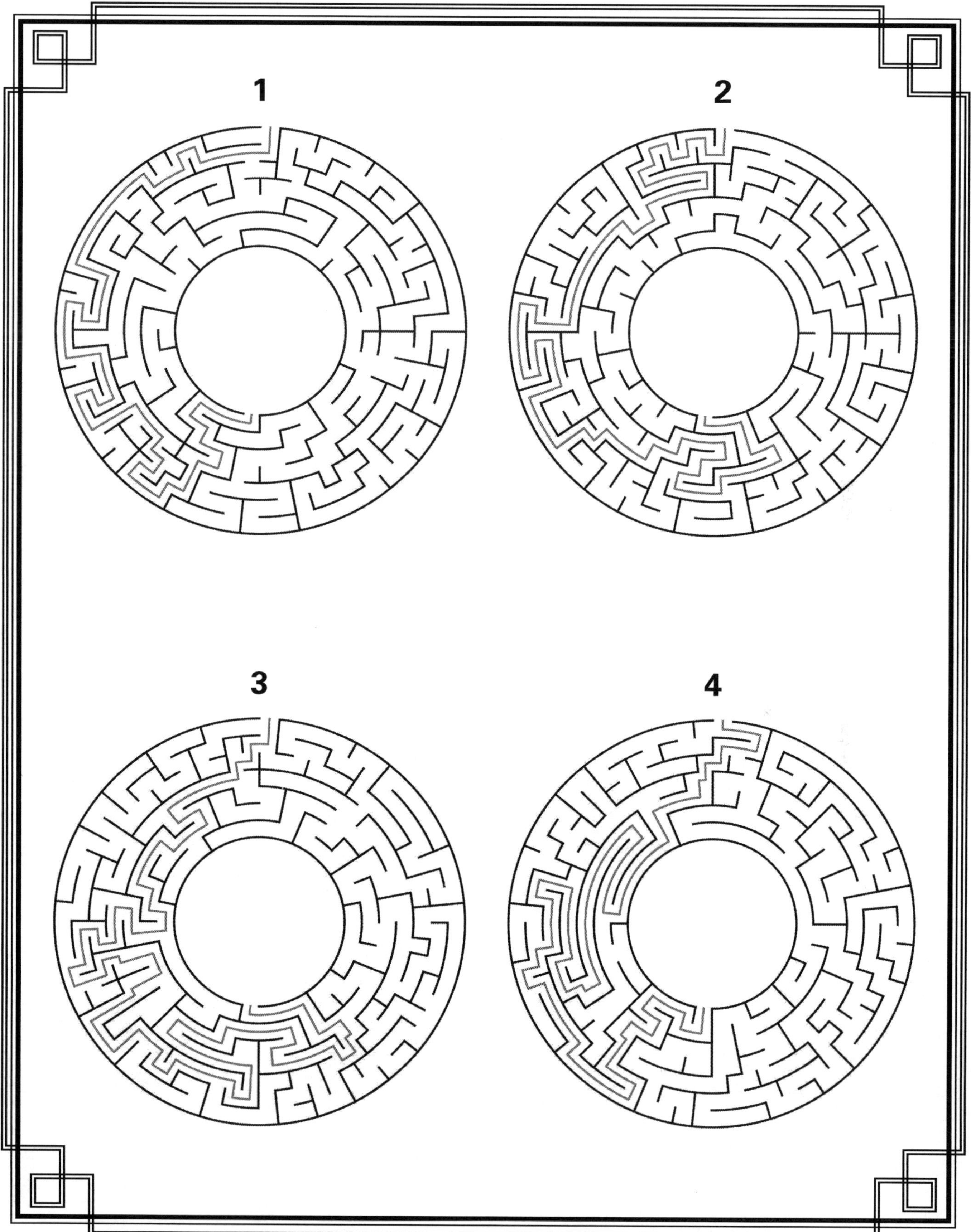

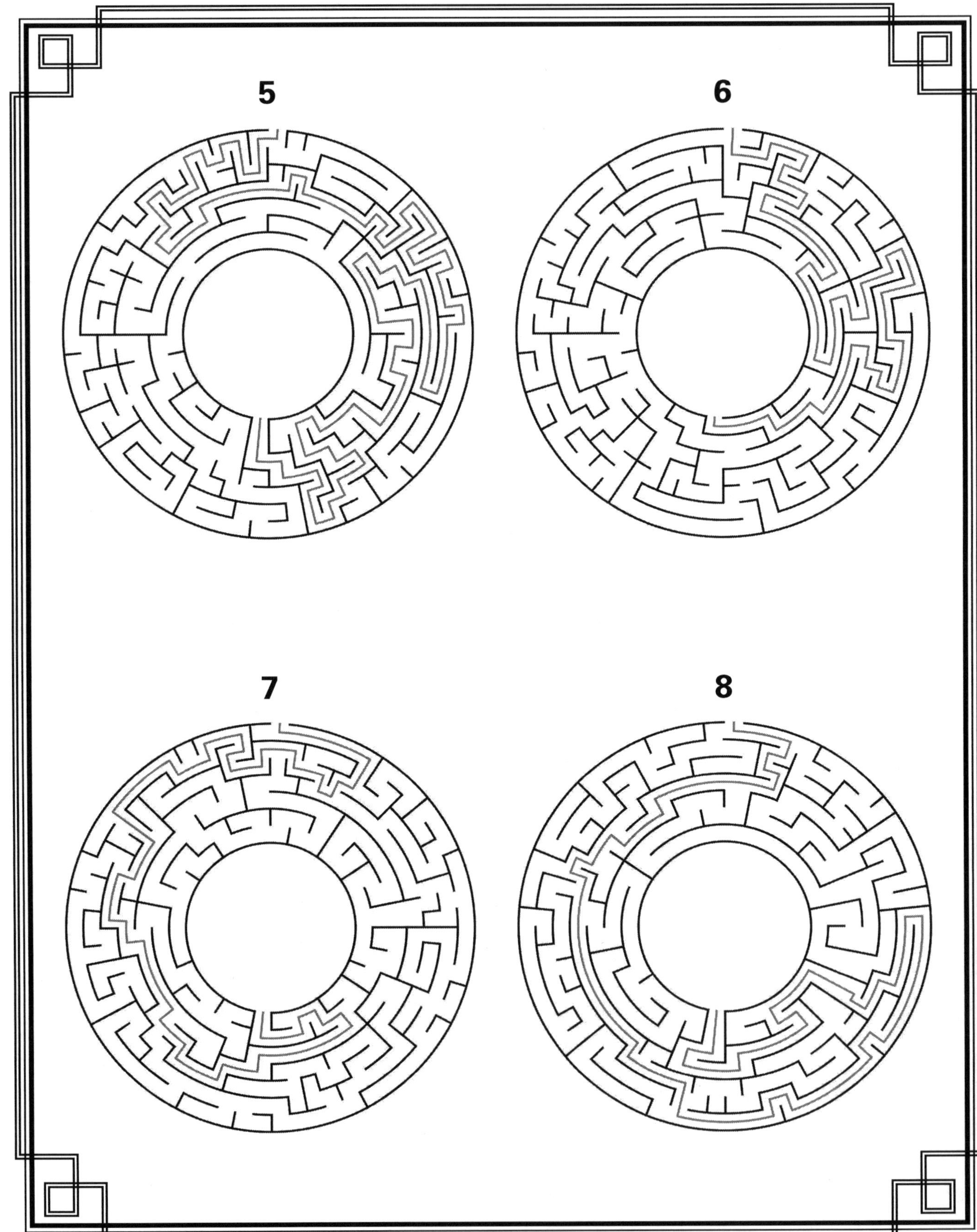

5
6
7
8

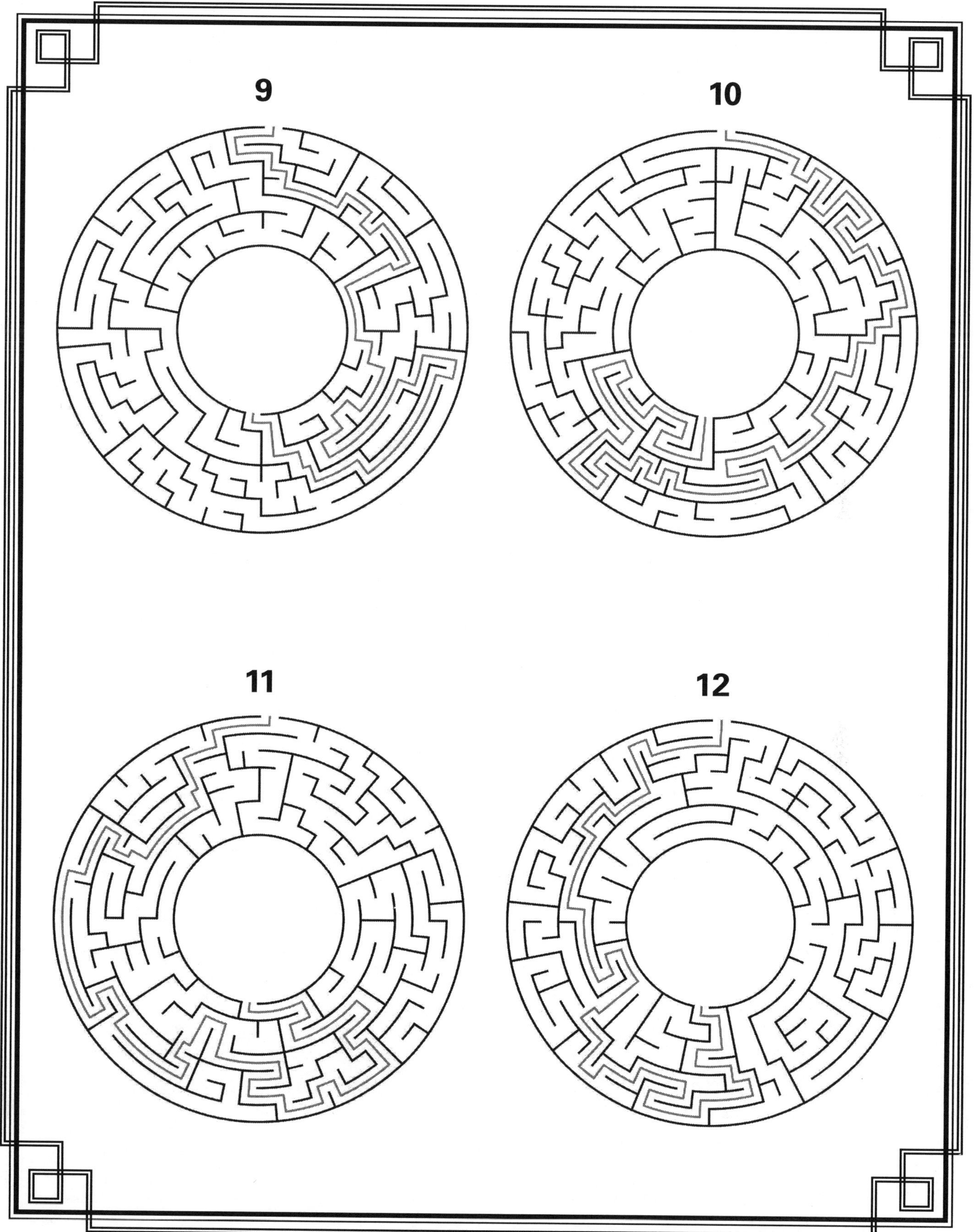

9
10
11
12

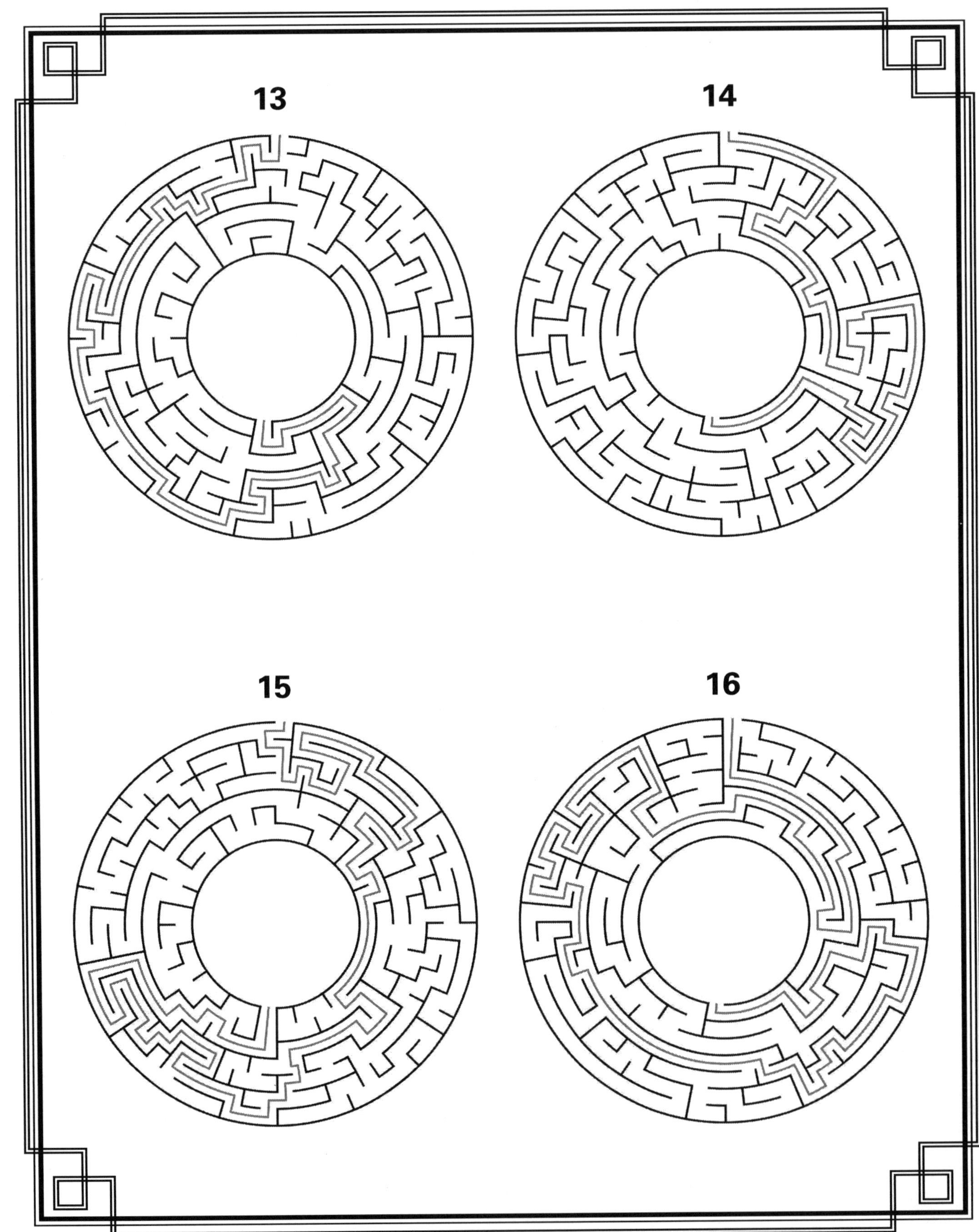
13
14
15
16

17

18

19

20

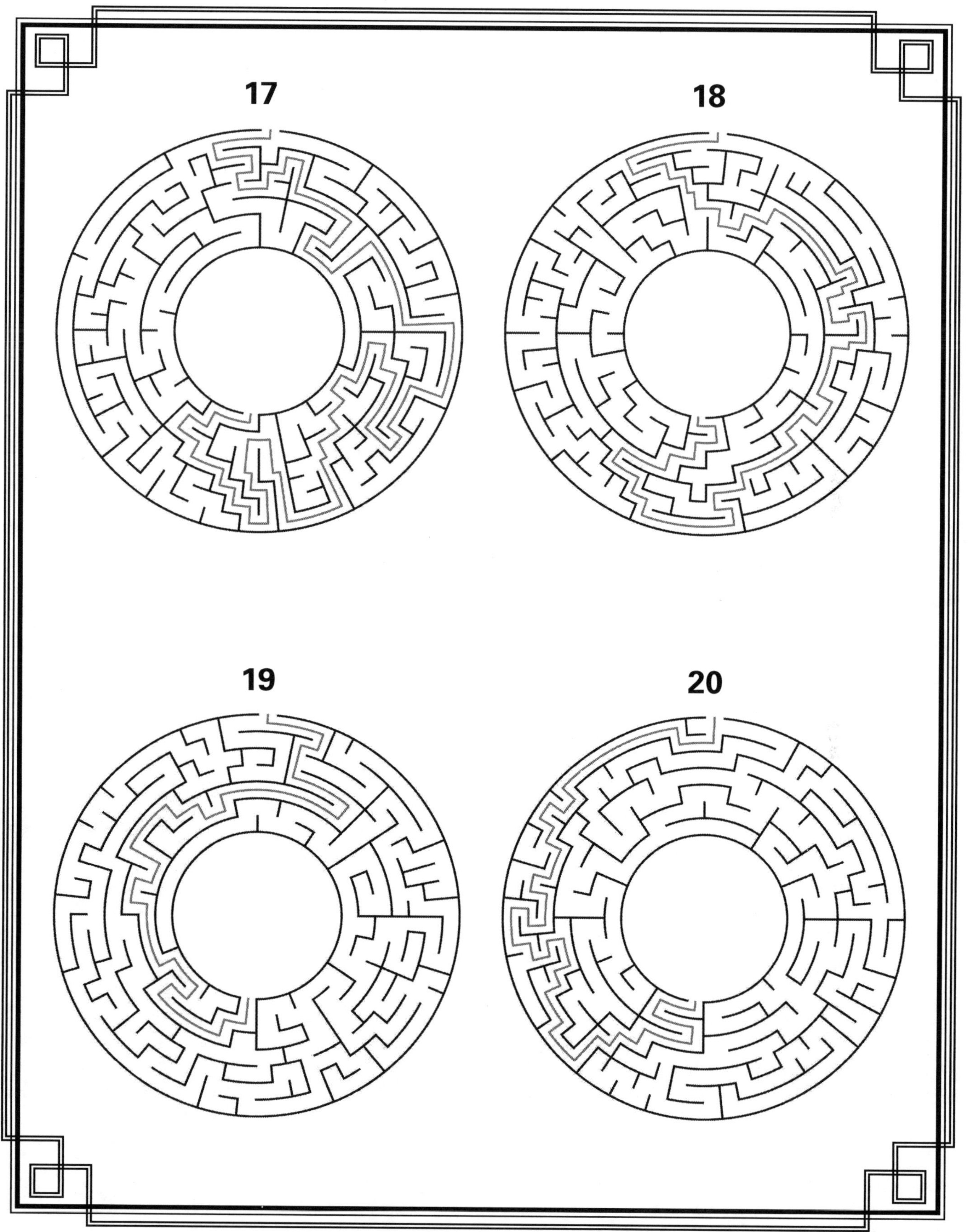

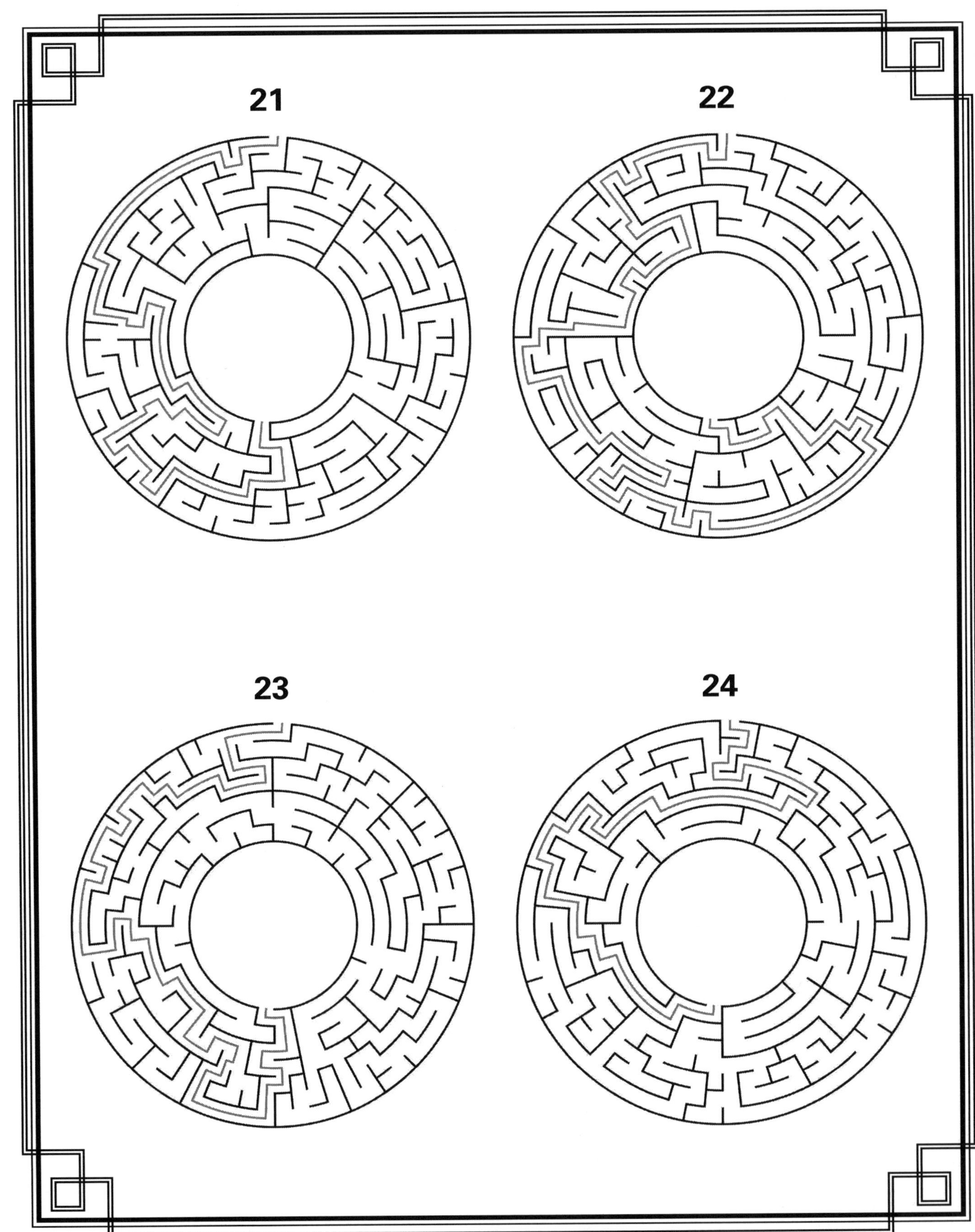
21
22
23
24

25

26

27

28

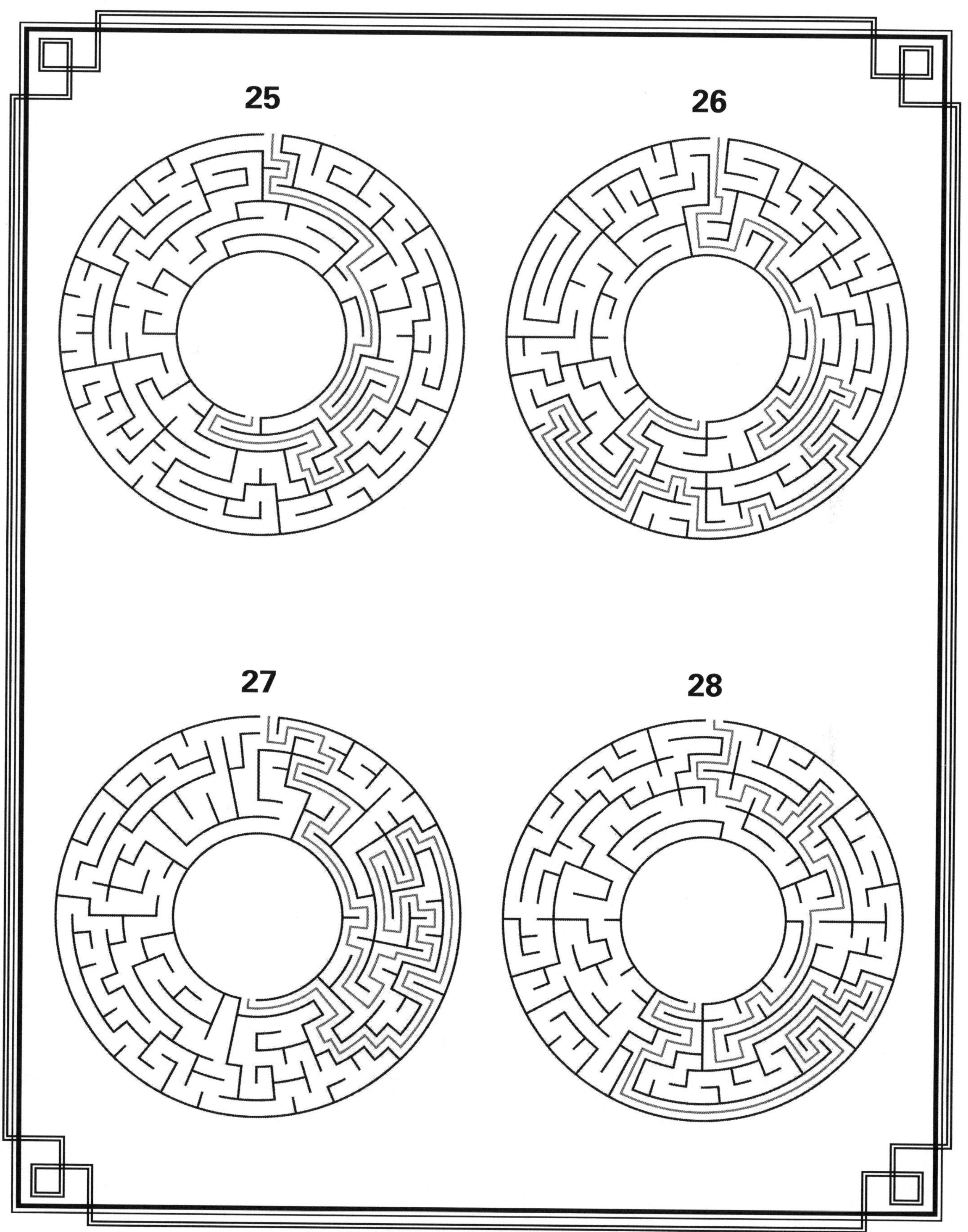

29

30

31

32

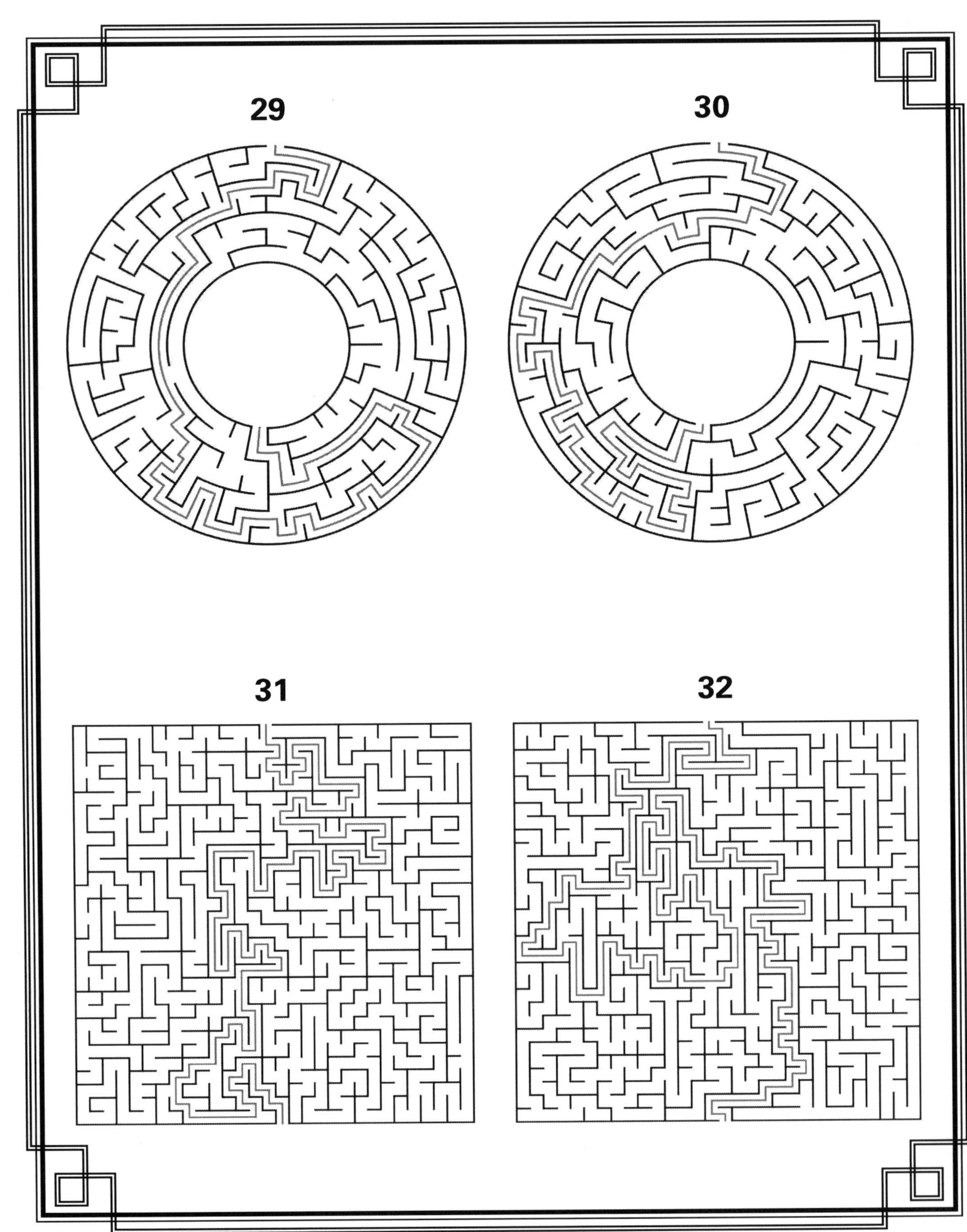

33

34

35

36

37

38

39

40

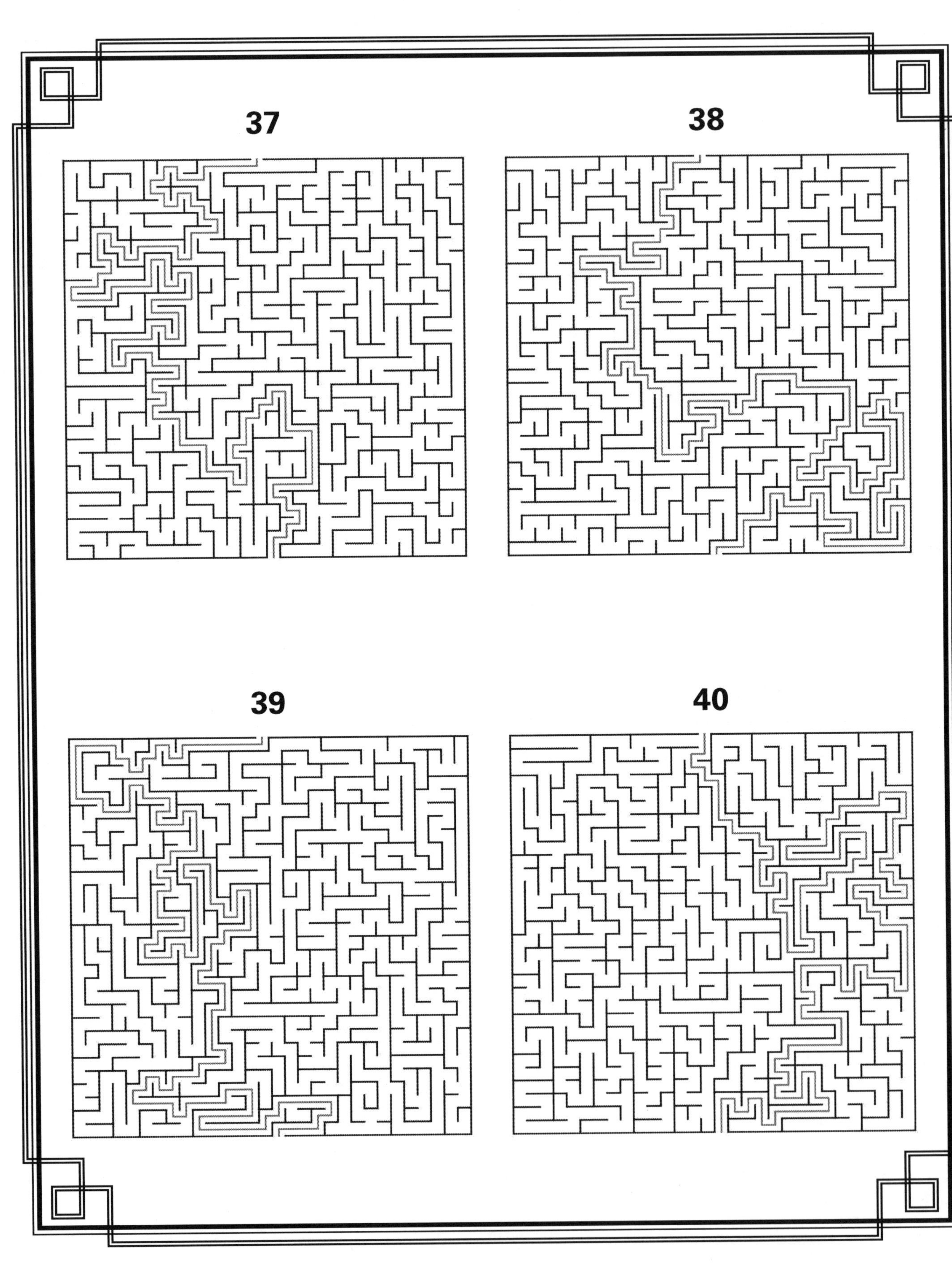

41

42

43

44

45

46

47

48

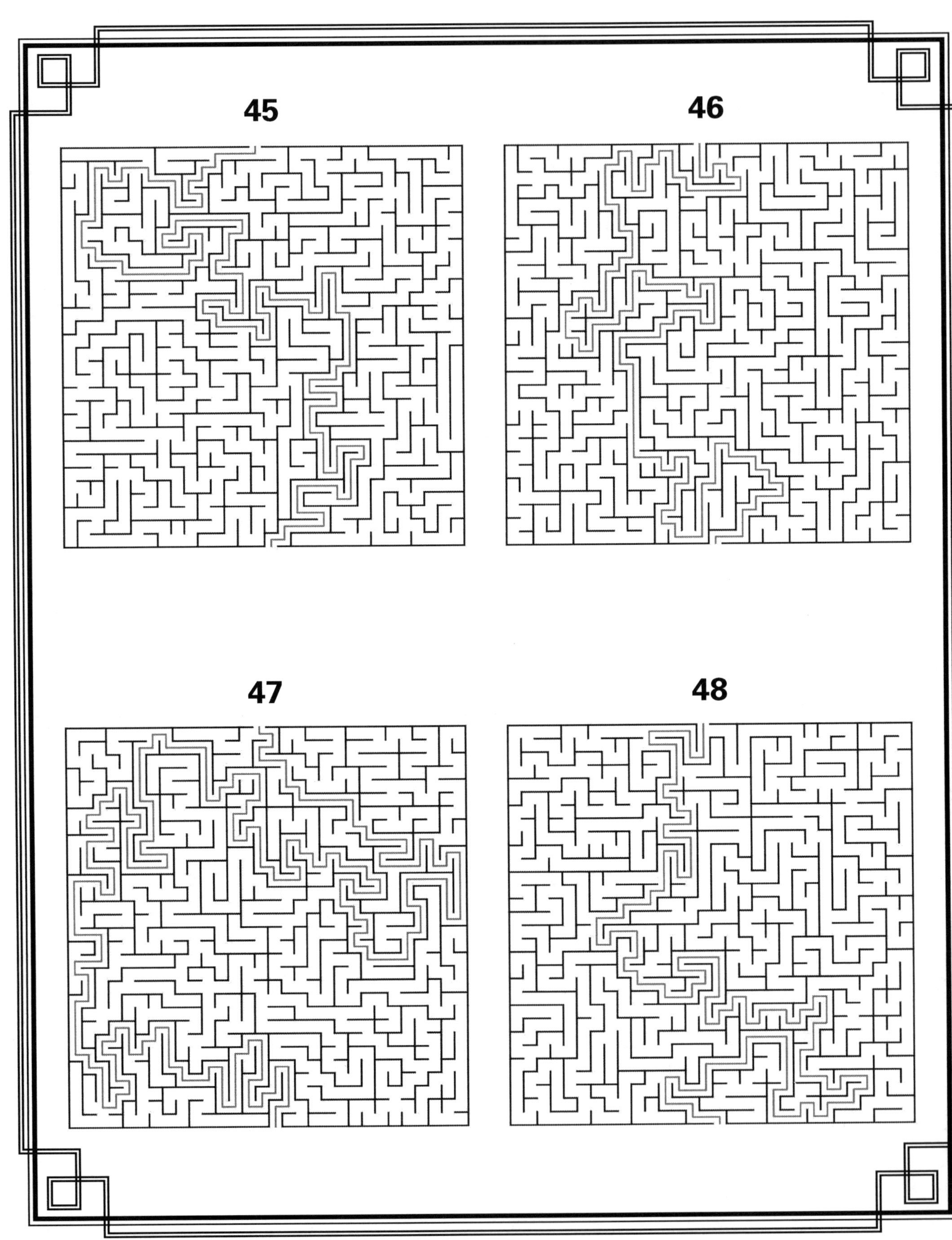

49

50

51

52

53

54

55

56

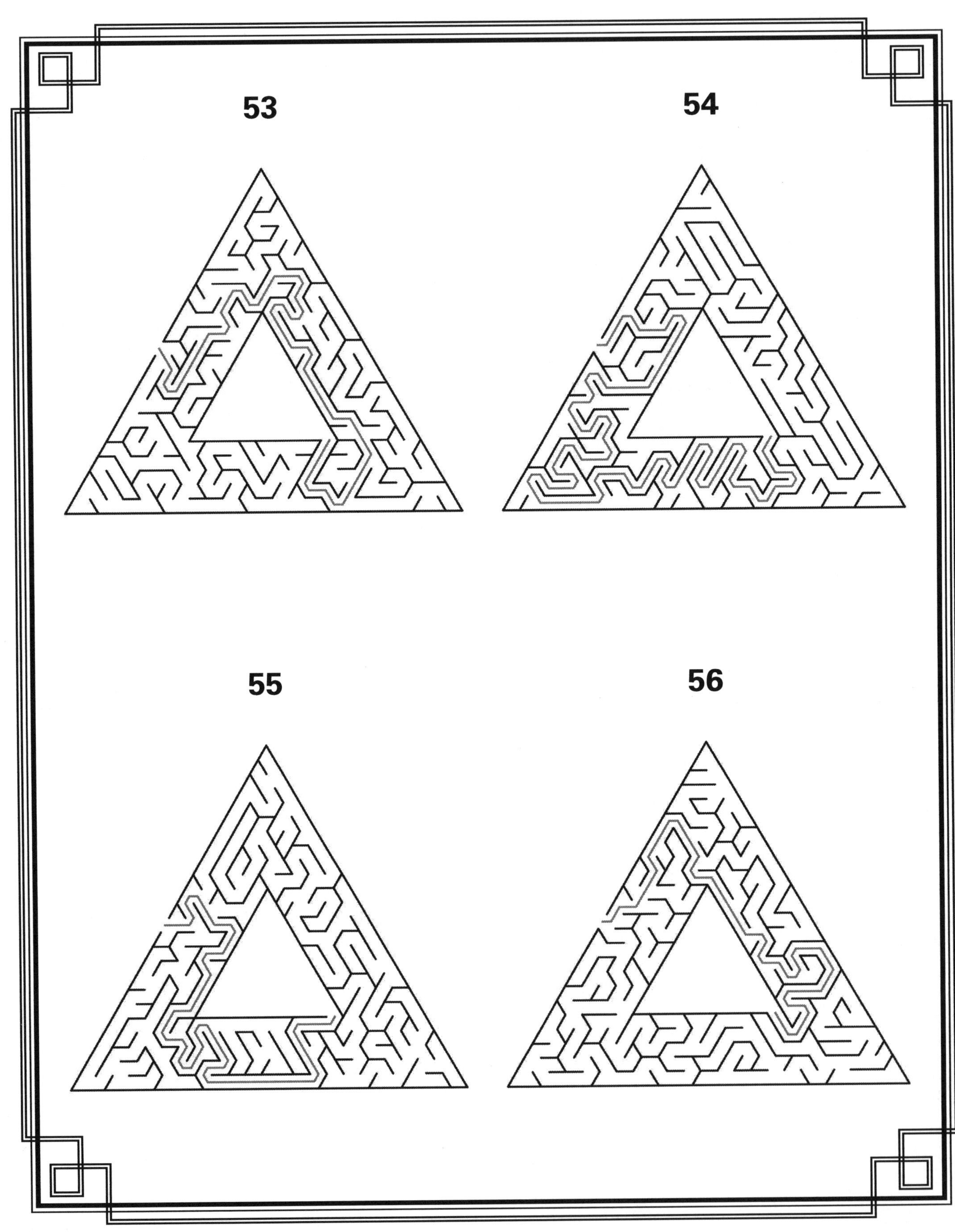

57
58
59
60

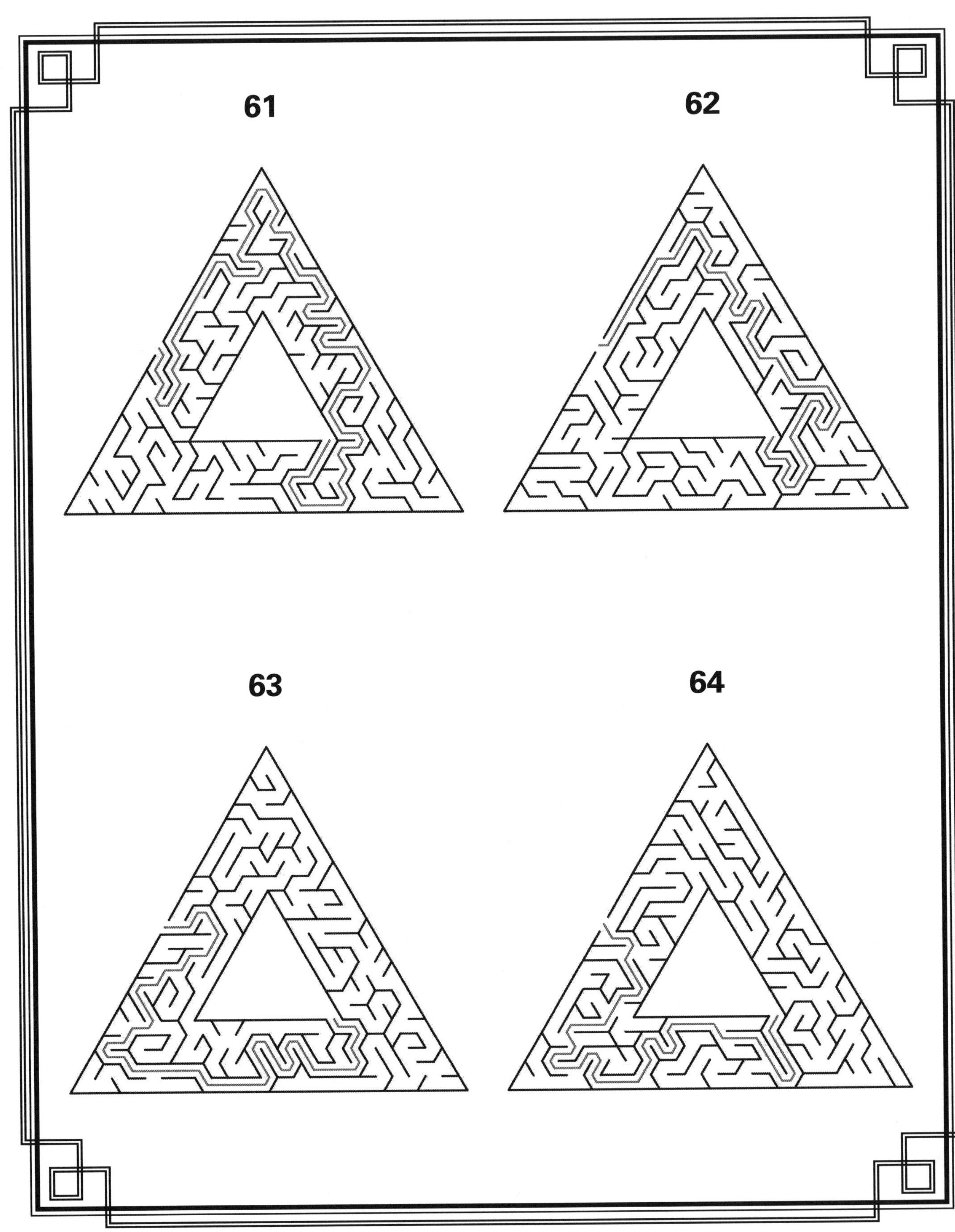
61
62
63
64

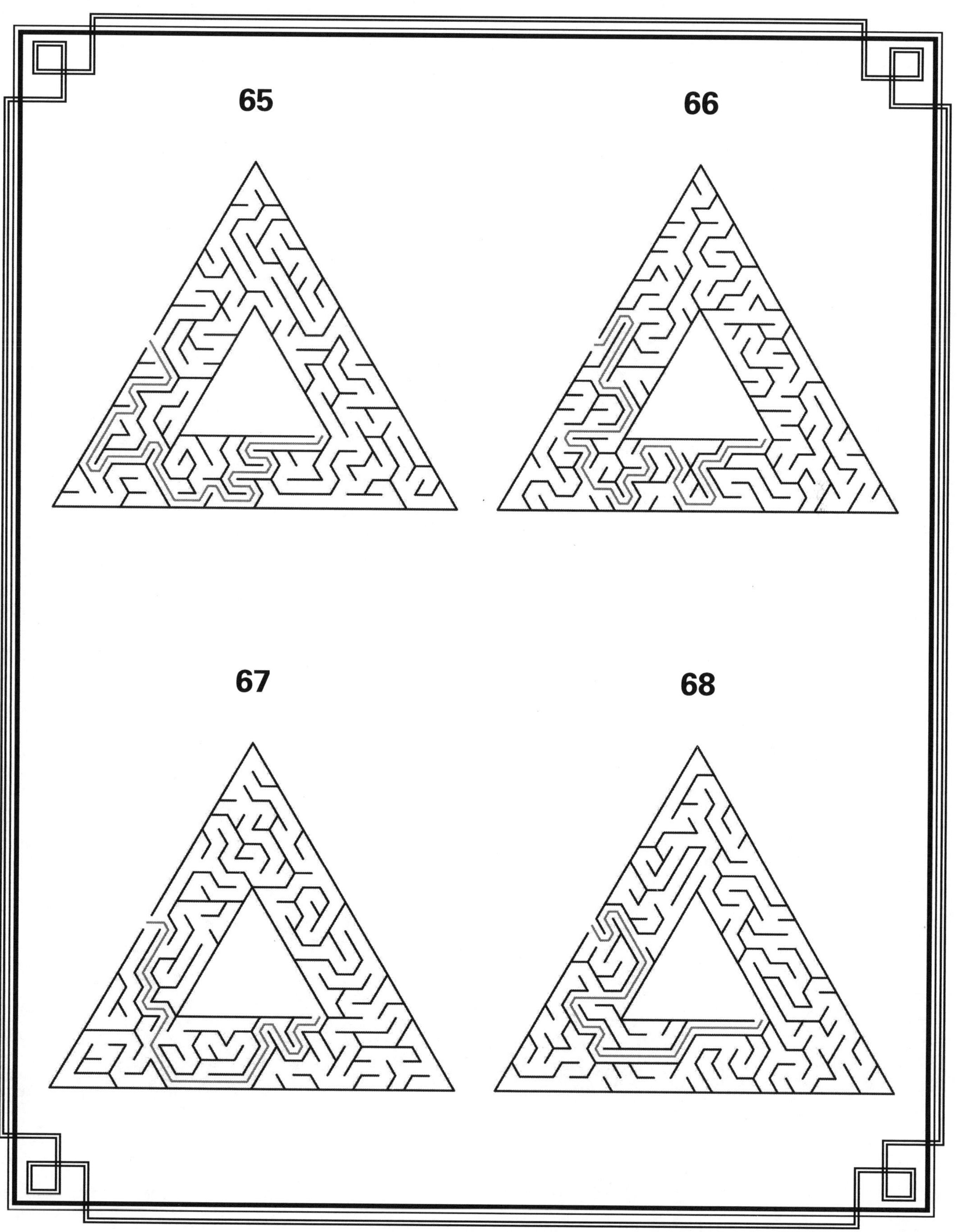

65
66
67
68

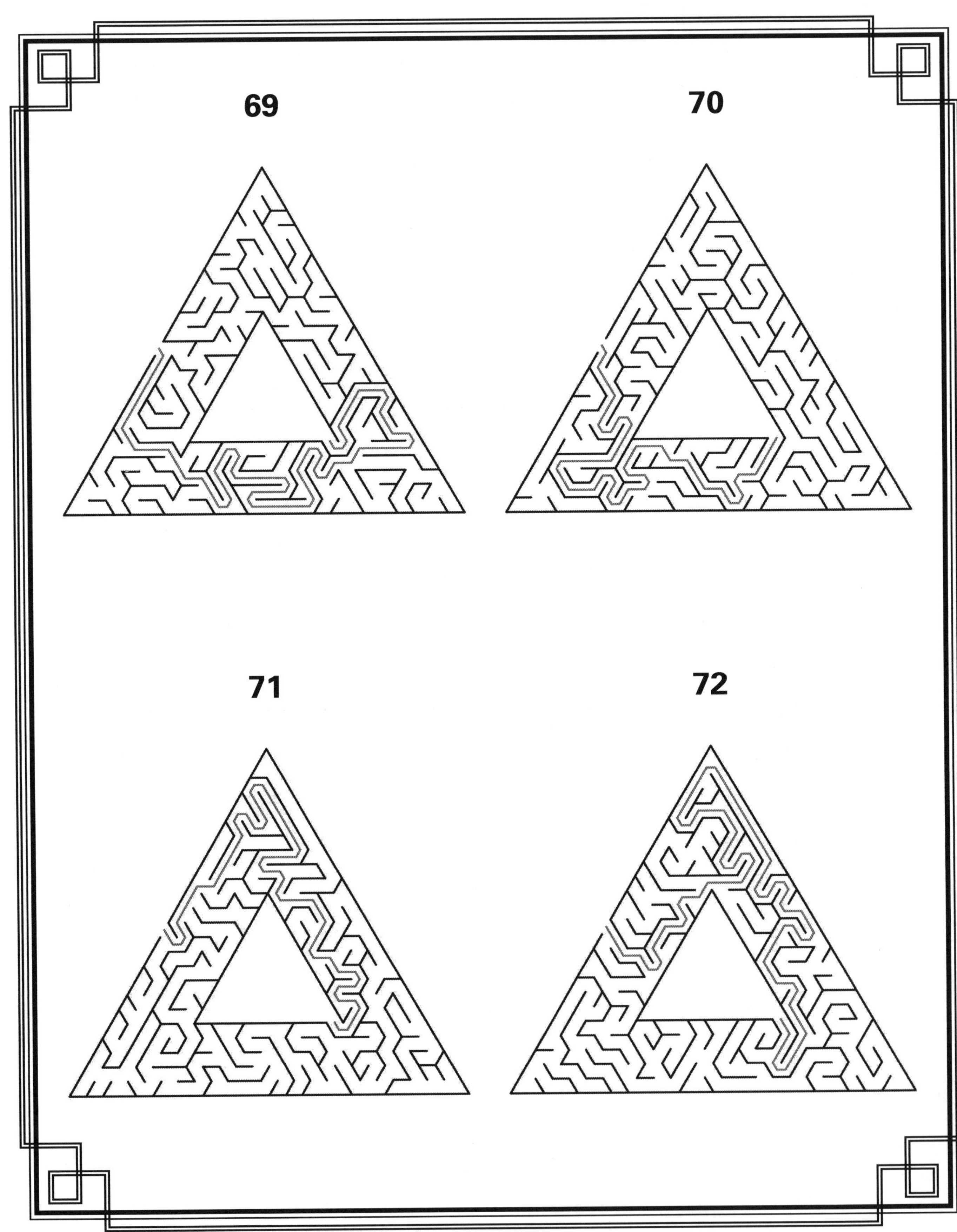
69
70
71
72

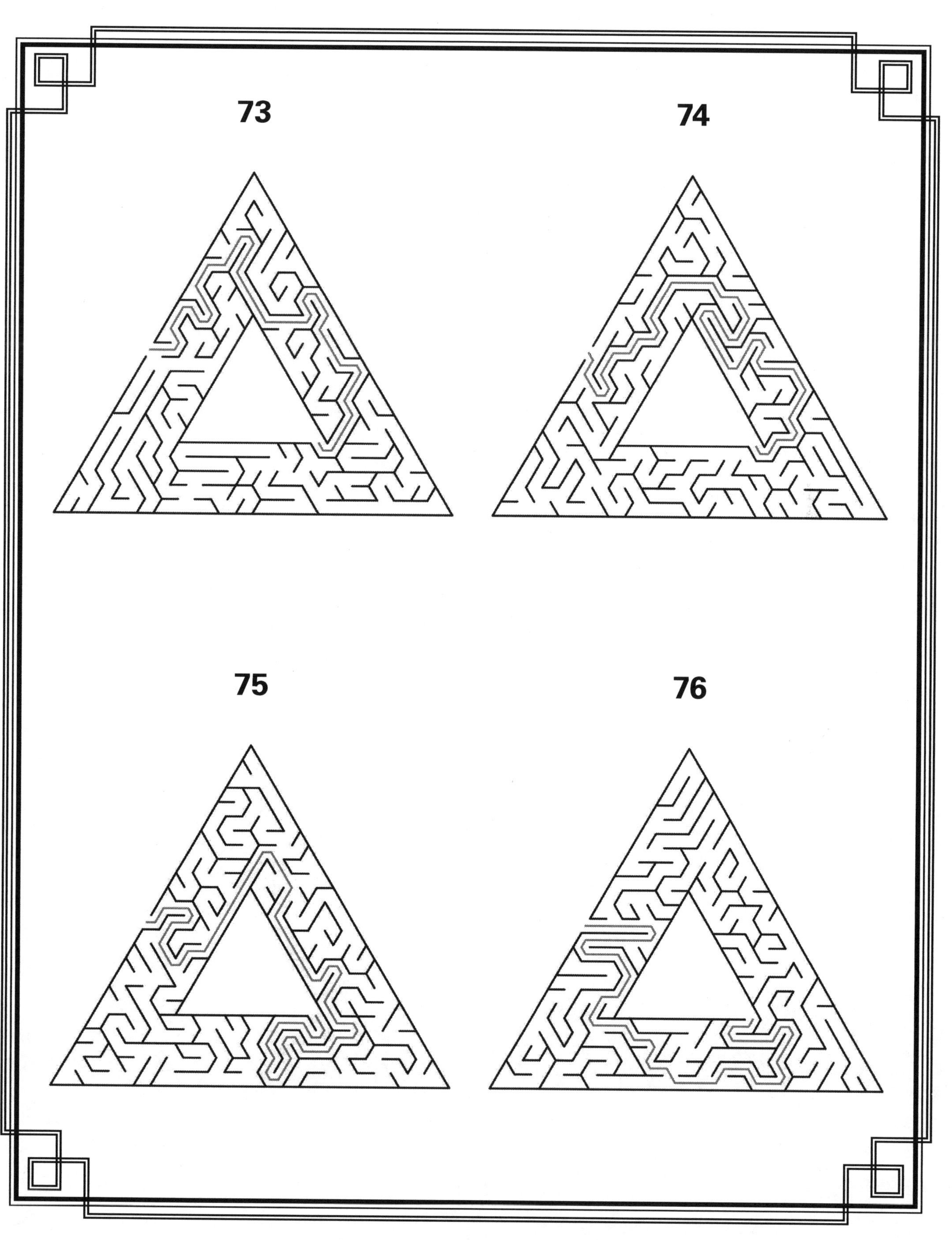

73
74
75
76

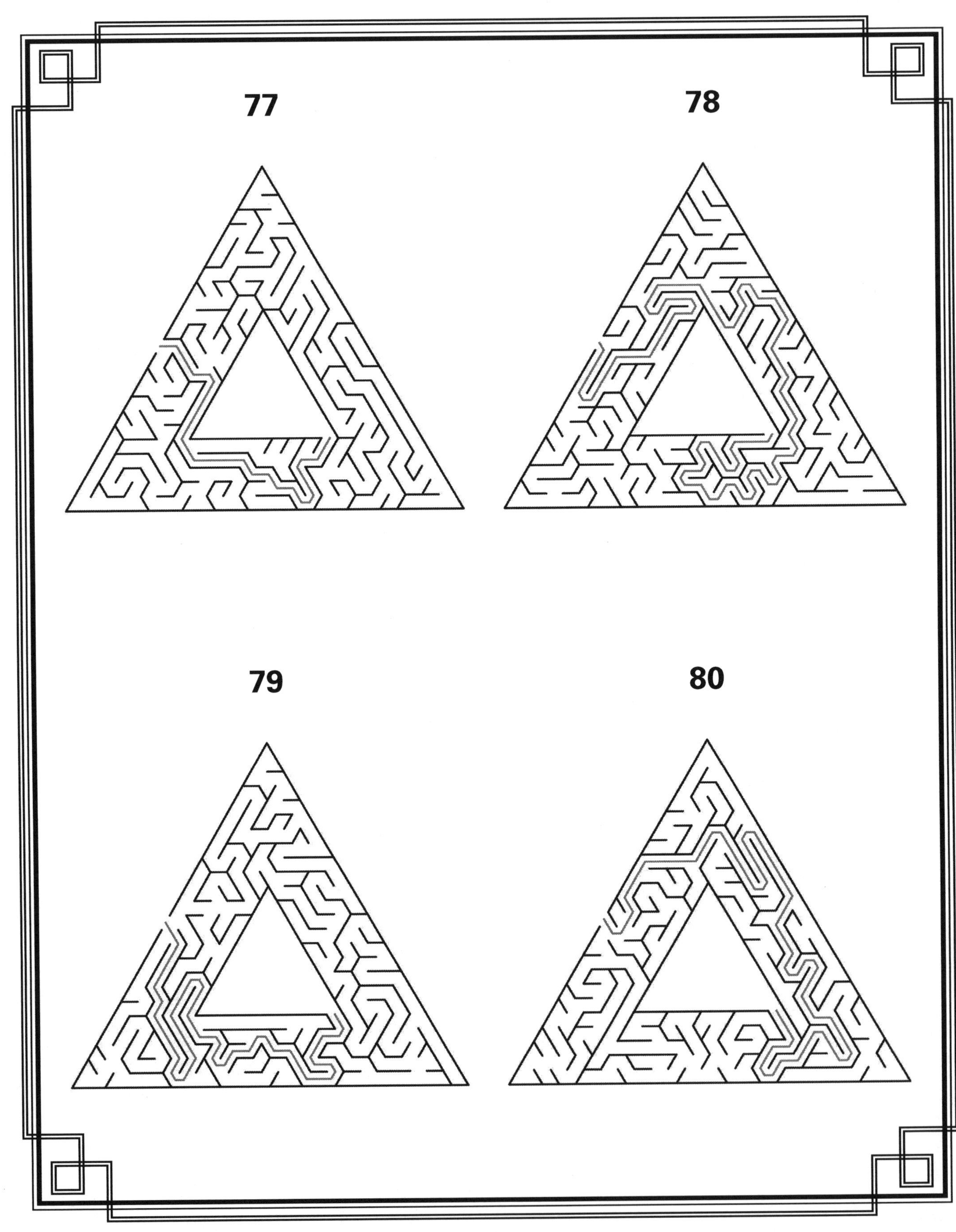
77
78
79
80

81

82

Made in the USA
Monee, IL
07 July 2026